我心教言

敦珠法王的智慧心語

COUNSELS FROM MY HEART

敦珠仁波切 Dudjom Rinpoche◎著

普賢法譯小組／林姿瑩◎譯　楊書婷、袁筱晴◎校對

致

滿懷感激與敬意的我們，
謹以此翻譯迴向，
祈願怙主敦珠法王之佛母
桑嫞仁增．旺嫫（Sangyum Rigdzin Wangmo）❶，
長壽住世，一切所願圓滿。

編按：○為原註；●為譯註。

❶佛母已於二〇一四年圓寂，根據其子賢遍達瓦仁波切所言，佛母被視為白度母與伊喜措嘉的化身。詳見：http://waterbel.diskstation.me/Decode_Wiki/index.php?title=Sangyum_Rigdzin_Wangmo。

目次

序文

嗡．娑斯帝（Om svasti）
第二佛陀蓮花源，
此濁世復人身現，
怙主敦珠仁波切，
本智金剛調御士[1]，
得聞尊名心歡喜，
放光明耀攝世間，
吾心頂禮上師尊。

有如第二佛陀之蓮花源
再度以人身顯現於當今晦暗濁世
我的救怙主，敦珠仁波切
卓讀．林巴．耶謝．多傑
能聽到他的名號是多麼美好
放射光芒照耀世界
我心頂禮如此之導師

佛語勝善之見證，
無量法教化精粹，
無死甘露從中現。
聽聞使心得解脫，
憶持令心樂盈盈。

佛陀教法美妙、無上、殊勝之見證
其教言爲無量佛陀教法之精華
從中湧出無死之甘露
聽聞教言將令心解脫
憶念教言讓我的心充滿喜悅

❶此偈原文為敦珠仁波切之伏藏師名號，卓讀・林巴・耶謝・多傑（Drodul Lingpa Yeshe Dorje）。在藏文中「卓讀」指調御丈夫，「林巴」為伏藏師的敬稱，「耶謝」為本智，「多傑」指金剛。中譯則取其涵義。

以上偈言是我爲了禮敬壇城尊王怙主敦珠金剛持卓讀・林巴・吉札・耶謝・多傑的教導而作。這些法教就如甘露雨霖，依受法者的願心與能力給予潤澤。這種種法教彙集於此本小書之中。

這些由蓮師翻譯小組忠實翻譯爲法文（與英文）的法教精粹，將能治癒生於此思想衰敗、負面情緒熾盛時代之我等的煩惱疾病，無論佛教徒與否皆然，對此我毫不懷疑。我確信這些法教將能鼓舞人心並帶來喜樂。祈願你能時常閱讀、思維這些法教。

名爲喇榮・楚璽・夏楚（Zarong Trulshik Shatrul），追隨釋迦牟尼佛的一位愚昧比丘瓦琴札・達瑪瑪堤（Wakindra Dharmamati），一九九九年十一月二十五日之吉祥日寫於法國多爾多涅省雷孫那荷意（La

Sonnerie）的扎西比巴寺（Trashi Pelbar Ling）。

圓滿吉祥！（Jayantu!）

英文版蓮師翻譯小組譯序

本書主要內容是怙主①敦珠仁波切的一系列開示。其中最早的一場記錄於一九六二年，其餘大部分開示則是於一九七〇年間分別在東、西方國家講授。這些談話經由錄音、繕寫後，推測是在加德滿都以小量印行。敦珠仁波切佛母敦珠·桑嫞·仁增·旺嫫囑咐，其中一本交付蓮師翻譯小組翻譯。感恩佛母仁慈的允諾，讓西方讀者得以接觸這些甚妙法教。

在朗達瑪滅法後興起的其他三個藏傳佛教宗派，主要以推派特定領袖或高僧的方式建構組織。有別與此的寧瑪派，是早在佛教傳入西藏之際就已經創建的傳承，且寧瑪派並未形成單一化的實體組織。那些繁複

①怙主（Kyabje，藏 skyabs rje）：意指「皈依之主」，傳統上用來敬稱具有偉大智慧與證量的上師。十分有趣的是，在西方歐美地區之傳統習慣上，會用「怙主」這個詞來替代如教宗「陛下」（His Holiness）的敬稱。雖然有時也許因為一些理由而用「陛下」來稱呼達賴喇嘛（至今已執政近百年的政教領袖），但像這樣把天主教階層中的一些頭銜拿來類化使用，在眾多層面上都是格格不入且不恰當的。值得注意的是，「陛下」或「閣下」（His Eminence）這些稱號基本是用來識別教會當中的階級，且使用方式須由官方認可，而非來自大眾的稱譽。同時，即使僅約略對照天主教歷史，也可看出這些稱號並非用來表達虔敬、修道證量或個人神聖性的必然性。因此，較適合的方式是保持西藏使用的稱號，尤其用來敬稱如敦珠仁波切這樣的上師，「怙主」是極有意義且精準確切的描述。

的機構與複雜的行政系統，對寧瑪精神來說相當陌生。正如敦珠仁波切所言，如此的寧瑪傳統形成一種鬆散、去中心化的風格，並以六大寺和無數分支寺院的法教為主，提供豐富而多元的法教與實修，此狀態至少維持到中國入侵之前。後來災難降臨，寺廟被毀，對於能夠逃至印度的人們來說，為了保存法教傳統的完整性，認為有必要提名一位領袖，好讓顛沛四散的倖存者能夠團結。這對寧瑪派來說是全新的挑戰，但顯然不是問題。敦珠仁波切身為博學、具證量的上師，兼具「伏藏師」（tertön，藏音：德童）、寧瑪派法教（尤其是大圓滿〔great perfection〕法教）毋庸置疑的權威，以及眾所公認為蓮花生大士真實示現之種種身分，成為各方認定共舉的人選。他是普世崇敬的對象，並由達賴喇嘛尊者正式認證爲寧瑪派的領袖。

對於西方剛開始修行的初學者來說，想當然只能間接地隱約瞥見敦珠仁波切的修證威德，以及他身爲大圓滿上師之成就，仁波切是許多弟子尊崇的上師，而這些弟子本身也是成就者。儘管有謙遜和悠然自在的風度舉止，但只要是和他相處的人，都能立即感受到偉大上師的存在和佛法的眞正體現。如同我們常聽到很多上師和堪布所說的：「他，就是蓮花生大士。」

敦珠仁波切除了孜孜不倦地爲印度、尼泊爾和不丹的藏人們保存與實修眾多法教外，更爲人稱道的是，他對西方與東方的「外國」弟子們興趣洋溢且極具慈悲。多年來，他不僅到過南亞與遠東地區的國家傳法，也曾造訪歐洲和美國。正如蓮花生大士在西藏的佛行事業，他依循著傳統的嚴格標準，在「偏遠蠻荒地區」奠立佛法。最後，仁波切選擇法國的多爾多涅省作爲永久的居所，且在一九八七年一月於許多神奇徵兆中圓寂，降下一股至今仍可親掬的加持清流。

對西方人來說，敦珠仁波切儼然是眞正的慈父，但在必要時他絕不華美其詞，而是以必要且刻畫生動的話語，嚴正地指明要點。他體現了溫煦與仁慈，其存在是無盡的啓發之源，其著作具備了洞見與優雅。正如我們希望能在此書傳達給讀者的，他的開示來自眞實博達所洋溢的簡潔、精煉、直接等特質，既可親又清晰。就如在仁波切簡略自傳中流露的，他是一位偉大謙遜之人，而仁波切在自身修持與佛行事業中，將個人成就藏鋒於風趣幽默的面紗之後。

對蓮師翻譯小組的成員來說，敦珠仁波切有非比尋常的地位。他不僅在一九八〇年於法國鹿吉哈爾（Laugeral）成立個人佛法中心，也在同一年於其親自創辦指導的香特鹿（Chanteloube）佛學中心加持首次舉辦的三年閉關，並給予許多灌頂和法要教學。

能參與這項翻譯是無上的榮幸，縱然成果鈍拙且未盡完美，仍願獻此綿薄之力以表達我們的深切感激。在原先開示的繕寫文稿中，我們增加了西方讀者可能會有興趣的若干項目。書中還有一篇簡短自傳、兩首詩文以及大圓滿法教的簡短介紹。對於能加上最後這一項，尤讓我們感到欣喜，該篇是在請示怙主楚璽仁波切（Trulshik Rinpoche）後翻譯而成，並在他的藹然允諾下收錄書中。

寫於二〇〇〇年八月的蓮師誕辰日，於多爾多涅省

致謝

本譯者群首先要感謝未具名的文稿抄寫者，以及敦珠仁波切法教的錄音發行者。此外，我們特別欠楚璽仁波切一個人情，他仁慈地爲本書作序，並爲這整個翻譯計畫給予加持。同時非常感謝我們的老師貝瑪旺嘉仁波切（Pema Wangyal Rinpoche）、吉美欽哲仁波切（Jigme Khyentse Rinpoche），尤其是穰卓仁波切（Rangdrol Rinpoche），他於很多場合在文字上給予我們很大的幫助，讓此翻譯得以完成。更要感謝讀者珍妮．肯恩（Jenny Kane）、史提夫．蓋辛（Steve Gethin）及薇薇安．庫爾滋（Vivian Kurz）的慷慨協助和寶貴建議。此書譯者爲蓮師翻譯小組的海蓮娜・布雷克雷德（Helena Blankleder）與伍斯坦・福萊徹（Wulstan Fletcher）。

蓮師翻譯小組同時要向參札基金會（Tsadra Foundation）的慷慨協助，以及對翻譯本書的贊助，表達深切感激。

1

佛法

怙主敦珠仁波切爲西方弟子開示

諸位虔敬的法友們齊聚一堂，我非常高興為大家略為介紹佛陀的法教。

同聚此處的我們，都在這世間生而為人，無論是何種種族或背景，都對無上佛法有根深柢固的真摯虔敬。我們都對佛法有清淨的信心，也已跨進了甚深法教之門。這是多麼幸運！

我們稱之為殊勝的佛法，是難以想像的珍貴又難以尋覓。我們目前致力修持佛法的心願，以及確實具備得以修行的順緣和福報，這一切都得感謝我們在過去生中積聚的龐大福德。

三乘

無上佛法源自何處？乃是來自圓滿佛陀，也就是當前共有一千〇二佛降生之賢劫中的第四佛，我們得以出生在此佛陀法教依然住世的時代。不僅如此，雖然諸佛都曾宣說三乘①法教，但唯有釋迦牟尼佛於此

①三乘（theg pa gsum，藏），指聲聞乘、緣覺乘與菩薩乘（大乘）。以小乘佛教和唯識派的觀點，這三乘是三種固定類型眾生分別對應的最終法道。而中觀派的教法則持不同看法，認為三乘只是對應暫時的種性（根性），在最終的思擇後仍會歸於究竟一乘而成佛。也就是說，聲聞與緣覺在依循法道成就證果之後，並非如他們所想的已達究竟解脫，而是自長時間的寂靜（有餘）涅槃覺醒，進入大乘法道。此後他們依循菩薩道來證得佛果。

人壽百歲的時代裡，揭示了密咒金剛乘的法教。

在聲聞乘與緣覺乘的基本教義中，導師釋迦牟尼佛是具有上根利器之人，並已累積三大阿僧祇劫的福德資糧，又斷除了三大阿僧祇劫的遮障，終於證得佛果。以此觀點來說，釋迦牟尼佛是經由累積資糧與淨化罪障而證得佛果的凡夫。然而，以大乘密咒乘而言，佛陀在無量劫以前，就已實證了法身，成就圓滿佛果，但為了利益芸芸眾生，佛陀以大悲降生此世間，以色身顯現為釋迦牟尼佛。所謂大悲示現之「降生」②，是為了幫助輪迴有情的必要顯現。為了利益眾生，因此隨順眾生境遇而應機示現。這正是為何佛陀示現了兜率下生、降生人間，最終成就佛道的十二行誼③。

其後佛陀爲眾生轉正法輪，隨眾生根器與見地不同給予教導。爲心量有限且資糧較少的眾生揭示聲聞與緣覺之道，強調斷除言語和行爲的不善；爲具備較大心量與資糧具足的眾生宣說大乘法教，強調修心，即

②大悲降生（thugs rjes yas sprul，藏）的示現是指「祖古」（tulku），或指究竟證悟者為利益有情而自在入世。這有別於仍在修道次第上且尚未證得究竟佛果的上師或導師（lam rim gyis bgrod pa'i bla ma，藏）之轉世。

③所有無上化身諸佛皆會示現十二項行誼：（一）兜率降世（二）入住母胎（三）圓滿誕生（四）少年精進，學習所有科學與藝術（五）受用妃眷（六）離家出家（七）難行苦行（八）趨金剛座（九）調伏魔軍（十）成正等覺（十一）轉正法輪（十二）入大涅槃。

培養菩提心，身和語的誓言與戒條則作為輔助。最後，為廣大心量、資糧具足且願意受法的眾生，佛陀則宣說了法義遠勝於「因乘」的「果乘」④，也就是大乘密咒乘。

皈依與菩提心

一開始，是什麼讓我們得遇佛陀法教？我們必須跨過哪一扇門，才可獲得讓佛法種子滋長的「心靈土壤」？答案就是「皈依」。誰是佛教徒、誰是內道或外道，就取決於皈依。所謂皈依，是以全然的信心認定佛、法、僧三寶，是我們永恆不變的保護者，並真誠地向三寶尋求庇護。正是皈依，在最初之時，爲我們開啓佛法之門。

皈依三寶時，我們應當抱持何種基本態度呢？務必了解，無量有情眾生遍滿虛空，這些有情每一位都曾爲我們的父母。我們應理解，眾生都曾是自己的父母，並感恩他們帶給自己的慈悲；也應了解，這些曾爲自己母親的一切有情都陷於輪迴苦海之中。我們應生起菩提心，爲了他們而決心修行佛法。由此可知，菩提心是前行的基礎，也是我們修行法

④小乘佛教與一般大乘佛教被稱為「因乘」，因為行者所修行的是成佛之因，可直接證得法道之果位（如聲聞乘之道果為阿羅漢果）、間接成就究竟佛果。而「果乘」（金剛乘）的行者所修行的則是成佛之果地本身——即心性的空與明。

道的根基。

爲了遍虛空如母有情而應修行佛法，如此的想法難以啓發聲聞或緣覺根器的行者。這些行者僅滿足於爲自己從輪迴苦海中解脫，因此他們遵循道德規範並斷除身語惡行來成就個人的究竟解脫。他們把生命投入淨化〔染汙〕和禪定的修持以證得辟支佛果位。然而，這需要至少三世、六世，甚至無量劫的時間才能成就。

具備大乘根器的行者則認爲，當自己過去的慈愛父母還在輪迴大海中受苦時，只求取個人解脫令人相當慚愧。他們難以想像還有比此更糟的狀況，因而義無反顧地發願修行佛法，以帶領眾生，也就是自己的父母們來獲得解脫。無論結果爲何，大乘行者都發願常住輪迴直至圓滿所願。我們也必須抱有這種廣大無畏的態度。

無論是做一次大禮拜、念一次六字大明咒，又或是修一座生圓次第，我們的任何修持、任何成就法的實修，都要以皈依發心開始，並以迴向祈願結束。

就如一直強調的，殊勝佛法極其廣大深遠，含有無數無量的法教。教導中提到，爲了隨順眾生不同的根器，佛陀宣說了超過八萬四千種法門。在我們的修行裡，目標就是要將所有教導濃縮成一個精要。但要如何做到這一點呢？其實，佛陀給予的無數法教當中，其最關鍵的訊息就在此偈言裡：

諸惡莫作，眾善奉行，
自淨其意，是諸佛教。

佛陀確實說過我們應斷惡行善。問題是，所謂的惡行是指什麼呢？傷害他人的身、語、意之行便是惡行。就如佛陀所說，我們必須斷除任何傷害他者的行爲；反之，能利益他者的就是善行。

這一切善與惡的根本爲何？一切善行的施作者是心，是心以良善的方式使用其僕人，而心的僕人即是身和語。一切惡行的施作者也是心，是心以錯誤的方式使用身和語。善惡的原因與根本就是此心。儘管如此，某方面而言，我們擁有的這顆心，有時對我們來說卻很陌生。所有一切都是心造成的，心好比是瘋子，因最細微的衝動而到處奔竄，並導致「業」的積累。

心是一切染汙的根本。瞋恨就是在此心中生起，從瞋恨又引發爭吵、鬥毆等對他人的傷害和毀損。心也是一切惡意、妒忌、欲望、愚癡、傲慢滋長的土壤。這也就是佛陀爲何教導我們要克制自心。一旦了解心是一切煩惱的根本，我們就必須要警覺地克制它，盡可能削減自己的煩惱。我們要全力專注於這一點，掌握任何生起的念頭。

心同樣也能往正向發展。心能夠了知上師與三寶的功德，並因此感受到信心，而更進一步地皈依。心也可以透過修行佛法，同時爲自己與他人積聚解脫之因。正因爲心是善的根本，也是惡的根本，想當然我們必須改正且轉化此心。修行的要點就在於檢視自心，佛法中的所有法乘都同樣把心視爲首要之務，續部尤其如此。再次提醒，進入密咒金剛乘壇城、成就一切修持的，即是「心」。

密咒金剛乘

一切都要感謝上師——我們的善知識，讓我們能跨越這殊勝佛法甚深教導的門檻。像這樣帶著染垢、不淨的我們也許不夠具福，無法於佛陀在世時親見本人，但我們仍屬有幸，能得遇佛陀的教導，即所謂的「佛法」，這其實比親見佛陀本人還要更好。關於哪些行爲應取、哪些行爲應捨的種種教導，已由上師爲我們傳授。而能有一位全然接受我們的善知識，是多麼不可思議的福報，對我們來說，能了解這一點極爲重要。是上師讓我們見到自己應取應捨的行爲，是上師爲我們指出應斷除的遮障，也是上師藉由這些對我們的指導履行佛陀本人的事業。當我們眞正吸收並實踐如何取捨自身一切行止的上師教導，我們就能成就這名爲「解脫」的目標。

了解如何正確修持佛法，是非常重要的。我們必須修持得當，將所有數以百計的法門濃縮成一個要點。如果能做到這點，我們的修行將變得簡單又非常有效。除此之外，密咒金剛乘的法教還尚未從世間消失，密乘法教仍舊在世。能夠進入法乘並安住於法教中，這是我們無上的福報、難以言喻的幸運。

也許有人會問，爲何密咒法教要保持秘密？這並非是因爲法教的深奧難解，而是要避免心量有限且狹隘的人們與之接觸。密咒乘的法道有其獨特性，輕鬆、迅速、極其細微，並有許多善巧方便。也就是說，密咒乘有許多方便法門，不須經歷艱難，適合利根行者，修持也相當精妙。與密咒乘自然相契的行者，透過這些方法可輕易、快速地成就佛果。事實上，密咒這個詞本身就結合了簡單與迅速的含意。

教導中常用長出有毒植物的土地來譬喻密咒乘與其他法乘在見地和修持的差異。那些勇氣不足、心量狹小或缺乏機智的人們會想，要是吃了這株毒植物，自己必死無疑。因此，他們將它砍斷並棄於遠處，更因爲擔心再冒出新芽，他們還連根拔除。這是缺乏勇氣者所選擇的方法。

這個譬喻中的毒，代表無明。爲了要把毒根最細微的部分完全去除，可以想見人們在過程中會遭遇多少麻煩。這情況就好比是，想藉由聲聞緣覺乘的見地與修行來求取佛果。

現在如果有個聰慧、意志堅強的人出現，問這些人他們在做什麼？他們會回答，放任毒株生長非常危險，不僅要砍斷它，也要完全根除，不能在土壤裡留下任何殘根。而這個機智的人會用什麼方式呢？他會認同應謹慎處理毒株，同時也知道不須如此勞心勞力確保毒株不再生長。他會給出建議，只要在根部澆上沸水，就能輕易殺死毒株。如此方法就好比菩薩乘對待煩惱的方式。要去除煩惱，不需要如聲聞乘經歷種種取捨行止的艱難。雖然菩薩乘中仍然需要對治法，像是以思維慈心來對治瞋恨等，但使用對治法的同時，行者也了解對治法有別於所要對治的煩惱，此二者並不相同。

此時，若出現一位醫者詢問這些人在做什麼？在了解他們想根除毒植物後，醫生會說：「噢！但我是個醫生，我可以把毒物製成藥，利用植物本身包含的毒性做出完美的解毒劑。其實我找這個毒植物已經找了很久。交給我吧！我會處理。」這位醫者就像是密咒乘的修行者，他能將毒物製成有效的解藥。這樣的修行者不須歷經斷除煩惱、視煩惱有別於解藥的種種艱難，煩惱本身就可以轉化爲智慧，這即是密咒乘之道。

最後，想像若是孔雀遇到這樣的毒植物，孔雀會毫不猶豫地大快朵頣，牠的羽毛也同時變得更光采明豔。這樣的孔雀代表密咒乘的大圓滿修行者，對他們而言，沒有什麼是需要避開的毒物。大圓滿的行者了解，並沒有什麼是眞實又堅固而需要將其捨棄的煩惱。就像孔雀享用毒物來讓羽毛更加美麗，密咒乘行者也不排斥煩惱，而是利用煩惱來圓滿三身與智慧的證悟功德。這個譬喻爲我們說明了大小法乘二者的差異。

就像只有孔雀能以毒物滋養自己，密咒乘的大圓滿法教也是獨一無二而不見於其他修道傳統中。另一方面，每個人因各自根器差異而相契於不同法道，個人的道乘或大或小。重要的是，人人都需依照自身能力來修習，否則將陷入極大的危險。若要修持大圓滿，則須對見地抱持全然的堅定與絕對的確信。爲此我將略述大乘密咒乘中的大圓滿見地。

大圓滿法教

身爲虔信的男女瑜伽士，我們修持的大圓滿法教是來自珍貴導師，也就是蓮花生大士的教導。蓮師說：「縱然見地是大圓滿之見，但行持不可迷失於見地中。」這是什麼意思呢？這裡所謂的見地，一般理解爲：確信諸法（一切現象）爲空，也就是輪迴、涅槃二者皆空。但實際上，我們還無法直接了悟這般見地。在此之前，我們都還會經歷增與損、善與惡，以及所謂的因果業報，這一切對我們而言都仍存在。所以，如果以我們現在的狀況卻到處嘴上說著：「一切爲空，一切爲一。沒有善、沒有罪。」若像這樣隨自己喜好任意而爲，就是所謂「行持迷失於見地中」。若這發生在我們身上，就會如同蓮師所說的，我們將墮入魔鬼的邪惡見地裡。

此處的見地，是指廣大空性。當我們正確地了解諸法的究竟自性，當我們有辦法透過禪修來保任、契入見地，就能找到讓二元感知自身崩解的道途。增或損、悲或喜都不俱存的時刻即會到來。直至那一瞬，我們才能眞正通達此見地。蓮師曾說：「我的見地比天空還高，但我對行爲業果的取捨比麵粉還細。」我們或許對見地、對究竟空性都有智識上的理解，但在修行上，重要的是我們應持續保任如此的究竟自性，直到二元感知徹底瓦解爲止。

另一方面，蓮師也曾說，我們不應「在行持中丟失見地」。這說的又是什麼呢？僅僅只有理解就說事物是空的，並不能讓一切成爲空無。包括我們的身和心，以及觸發念頭的所有事物仍舊存在，不會憑空消失！因此，我們也許會失去對見地的信心，轉而只專注於身體言行，而忽視見地的重要性。若以這樣的狀況，想透徹地了悟見地，永遠只是癡人說夢。因此，教導告訴我們，要避免在見地與行爲上偏頗任何一邊的態度。我們要有如翱翔於天的老鷹，對見地抱著確切的堅信；同時又如篩麵粉一樣，細膩地觀照因果業報。

身爲佛教徒的我們仰賴佛陀的法教，所以對此無上佛法必須有發自肺腑的信心。無論是誰，都要懷有善心和誠懇，且沒有一絲欺瞞。不論何時何地，都必須對殊勝佛法有不退轉的確信，讓我們的心穩固堅定。

不動搖的信心、虔敬與堅毅，這三者能為我們奠定紮實的基礎。此外，佛法含括的一切都是佛陀的教導，因此我們必須以清淨見（淨觀）與感激看待所有的佛法傳統，以全然的尊敬視之如自己的傳承。最後，我們務必要對佛法的兄弟姊妹們懷有持續不斷的關愛，並以此滋養自己。

三殊勝

我們做的任何修持，無論是共通的皈依與大禮拜、各種菩提心學處或清淨身語遮障的法門，乃至密咒的不共修持（金剛薩埵〔vajrasattva〕的觀想與持咒、上師瑜伽〔guru yoga〕或本尊〔yidam〕觀修）等，這一切的修持都必須伴隨著「三殊勝」（或稱三善法），這是極爲重要的一點。

第一是菩提心的態度。一切眾生皆具如來藏，也就是成佛的種子，但由於其被遮蔽，眾生也因此流轉於輪迴中。所以，第一法就是決心讓眾生從苦海解脫。第二則是讓心遠離一切概念，這代表無散亂的禪定。就算我們做的只是一次頂禮，也不能僅是身體機械化的動作，而念頭和言語卻散亂至他處。相反地，我們要一心專注地修持，不帶任何分心散亂。第三是以迴向爲結行，任何生起的福德，都要爲廣大如虛空之有情眾生迴向。實際上，若是我們忘記以殊勝菩提心，以及爲眾生迴向福德來完善我們的修持，這些福德可能會被瞬間的瞋恨與煩惱摧毀。因此，所有善行之後都應立即爲利益一切有情而迴向。第三善法有無邊的廣大利益，迴向能讓福德永不枯竭，並令其恆時增長。

若是已領受殊勝佛法並付諸實修的人，會有什麼徵象呢？只要是聽聞、吸收法教的人都會變得沉靜且自持。佛教並不是教導憤怒並鼓勵爭鬥的傳統，也完全不鼓勵我們沉浸在自己的煩惱情緒裡。相反地，佛陀教導我們盡可能去除自己的煩惱。這裡要說的是，在領受佛陀教導後，我們應會在自省時發現，固然自己還不能完全根除煩惱，我們的瞋恨至少有些許的削減。我們也應會發現，即使在憤怒時，也不至於完全被牽著走，還能保有一絲自制。這些都是我們想要尋求的徵兆。沉穩與自制的增長是我們吸收法教的徵象。教導說，修行者若未能時常自省，修持又失當，佛法就會引領此行者前往下三道（即三惡趣）。有些人宣稱自己曾領受法教，實際上卻未實修。更何況，單憑聽聞法教也不可能斷除情緒染汙，這一點毋庸置疑。自無始以來，我們就已在輪迴中，沉浸於染汙習氣裡，僅僅聽聞些什麼，是無法掃除這些習氣的。向內檢視自心吧，你應該至少有些許的了悟！

此外，我們都已進入金剛乘，皆領受了密咒乘的灌頂與教導。教導提到，這非常有益，同時也非常危險。據說，就算我們無法讓自己的修行圓滿，但只要持守三昧耶，七世之中必達解脫。但是從跨進密咒乘的門檻開始，若是讓上師不悅，或在同修法友裡引起混亂而毀損了自己的三昧耶，那麼，我們唯一的命運就是墮入金剛地獄⑤。有一說，密咒乘修行者要不證成佛果，要不就是墮入地獄，沒有第三條路。這就像是竹莖裡的蛇，只能往上或向下走，中途無路可逃！好好思量三昧耶的利益與危險，並且要單純且完整地觀察。要做到這一點，最必要的是密切留意你的心，這個修持就是濃縮一切教導的精粹。最關鍵的是檢視和觀看自心。你已因自己上師的慈悲而領受法教，應該要如先前所述來修持佛法。

⑤根據佛教教法，金剛地獄（無間地獄）在八熱地獄的最深處，在此所感受的痛苦最強烈、時間最長久。

輪迴與我執

但我現在還要告訴你一些事。每個人、每個生命、每個有情眾生的心中，都存在基本的自性或根基，即所謂的佛性。這是普賢王如來的種子，也是佛果的種子。雖然我們都擁有這個種子，但卻沒有認出它。這個根基——我們本然的覺性，自「無始以來」一直伴隨著我們。它就像是鏡子，若是表情快樂的人注視這面鏡子，鏡中會映射出快樂的臉；表情哀傷的人看著鏡子，鏡中則顯現悲傷的臉，而本初基就好比是這面鏡子。

當表情愉悅的人看著一面完美明澈的鏡子，那面本初基之鏡，其所映現的就如同普賢王如來於其究竟自性中覺醒。教導上說，普賢王如來

「取得本初基的境地，覺醒，而且認出自性獲得解脫。❶」但我們一般人無法認出這個自性、如鏡一般的本初基。對我們來說，就像是表情絕望的人看著鏡子：顯現出傷心的面容！這貼切地說明，在我們習氣的輪迴當中，本初基被轉化成所謂的阿賴耶，產生抓取自我的細微心識，顯現出對「我」的覺察和對「我」的執取。在這情況下，心的另一種狀態也會開始發展——開始向外對事物投射，認爲事物是外在的而且與自心分離。

❶原文為「奪取本初基之堡壘」（captured the citadel of the primordial ground），藏文中常以城邑或堡壘來譬喻本初智，或自心清淨本性的究竟境界。後文中亦有類似用法，中譯皆譯為本初佛果之境。

最初的「自我識別」機制可比擬作一棟有六道門的房屋，六道門分別對應六識。以下說明其運作方式：當所謂的「自我識別」——也就是有「我」的念頭，延伸到其他的心理狀態後，第二個念頭將因此生起，並且向眼睛感知到的各種彩色色塊投射（就像是透過房子的某一扇門）。接著，感知的念頭出現，將物體分類命名成這個或那個。而所謂的「眼識」便將對顏色與其他各種特徵的感知，執持成外在的客體。就像這樣，若心識向聽覺的客體投射，我們就聽見了聲音。接著，其他更爲粗重的念頭生起並且追逐聲音，把聲音認知成這個或那個、這個字或那個字，認定它是令人愉悅或厭惡，這些念頭的總管就是「聲識」或「耳識」。接著有個心識向外，往嗅覺的客體投射。持續把注意力放在其上，將其感知成外在的實體，產生令人歡喜或不悅的體驗，我們因此有了「鼻識」。同樣地，另一心識向味道的客體投射，分類成美味或者令人作嘔、是甜是酸，這就是「味（舌）識」。最後的「觸（身）識」則是心識向身體投射，感知肢體的觸感是粗糙或平滑。就像這樣，根據心的狀態而認爲身體裡有個「我」在體驗著，把身體視爲單一實體，五識透過五種感官向外投射。感官五識再加上「意識」，就有了六識。基於這一切，輪迴就此開始。

輪迴裡一切飛快地進行著，我們則一直留滯在妄念之中。妄念的根本就是無明，而無明的根本則是自我識別，也就是有「我」的想法。輪迴之所以會發生，正是因爲我們無法認出自己的眞實自性。因爲這個

「我」、對自我概念的執著，讓我們產生出「他」的概念。自此，我們陷入主體與客體的關係之中，讓我們無法從輪迴脫逃。

由於對「我」的感知，以及對自我的執著，而產生了我慢。也因爲這樣的我執，憤怒和其他情緒之毒隨之生起。要是我們依循較低的法乘修行，就必須運用對治法來去除這些情緒，而這些對治法需要針對各種未知的毒物與感官對境❷來調配解藥。但對於密咒乘的行者而言，只需要一個無上的教導、一個對治法，就能解脫一切。我們必須對諸法的眞實自性有堅定的確信。妄念的根源就是無明，而無明是什麼？無明也就是我執。

心為何物

那麼，我執在哪裡呢？執著自我的是心，執著他人的也是心。於是，下一個問題就是：心在哪裡？心肯定是在身體裡，因爲一旦心不存在，我們就成爲死屍。問問自己，心是在身體的上半部還是下半部？心有多大？什麼顏色？要是從頭上拔了一根頭髮，心會痛嗎？若你用樹尖在腳上刺個洞，心會痛嗎？心和身體一定是同步的嗎？心和身體好像彼

❷感官對境（sense objects），或稱為「塵」，意指感官所認知的外在情境。由六根（眼、耳、鼻、舌、身、意）分別感知到的外境稱為六塵（色、聲、香、味、觸、法）。

此相互牽制。另一方面，若一個人在意外中死亡，心會到哪兒去？心會離開身體嗎？從哪裡離開？只有當我們能正確地檢視心，才會明白自己有多少錯誤的認定。但直到現在，這些錯誤認知仍尚未被發覺，我們對事物的執著彷彿它們是恆常永存的，我們的妄念就是如此嚴重，我們被這個「我」緊緊地綑綁著。關注於「我」的這個心，箝制了身和語，創造一切的困境和苦難。

若我們能正確地了解心，屆時將會明白，現在的所有念頭不過如水面上的波浪，此刻生起、彼刻消融。心，不過只是念頭，一切就是如此。這個心是空，它以念頭的方式生起，而這念頭也爲空。心識的相續也是空，被同樣空的念頭左右。心就是這樣陷入、留滯於六道輪迴裡。

因為沒能認出自己的面貌，這個心就此編造出輪迴。

現在，我們對心的自性和作用已有些許了解，務必要克制自心並精熟這一點。教導提到，若要達到這個目標，我們就要好好挺直身體。當身體挺直了，細微的脈也能順直，氣就能運行無阻。氣能無礙運行時，心就會安住於其本身自然、無造作的流續⑥中。如此，讓身體挺直，盡可能減少言語。別想自己剛剛做了什麼，也別想自己之後要做什麼。不

⑥身體的微細結構是由氣、脈、明點的系統構成。氣在脈之中流動，且讓支持心的明點移動。採取挺直的姿勢可以直接影響心的狀態。

擔憂過去與未來，就讓心安住於自性。於此狀態裡，心不受擾動、保持自然，如是安住。這個狀態就是「寂」或「止」。這樣的「止」，其實就是「心」本身，也可稱爲「當下之心」或「當下的覺性」。不管怎麼稱呼，心其實就是此時此刻的了知，同時又帶著喜悅的覺知。

念頭擔憂著過去、現在與未來，而不受這些念頭擾亂的心、完全離於念頭的心，那是絕妙的廣闊且開放，充滿喜悅。然而，即使認出心性，也無法用言語形容。心爲空，它安住於覺性之中。但這份在覺性光芒中的安住，卻無法持續太久，因爲那當中沒有一絲永恆的可能，念頭必然會生起、增強，然後消失（生、住、滅）。

這裡提到「生起」，是因爲念頭就如空中電光閃現，或如海面的波浪潮起潮湧，念頭不停變化著。最初之際，念頭就像是永無止盡地生起與消失，所以初學禪修的我們必須在念頭生起時認出它們。假使沒能認出，念頭就會像水面下的暗潮不停變動，而我們也隨之載浮載沉，這樣的禪修對我們毫無幫助。

若你能持續正確的禪修，則會出現一些徵象。例如，有些人會有身體輕安的覺受；有些人會因為微細氣脈的調順而感受到強烈的大樂；其他人，則大多有如體驗到深沉睡眠或吞噬一切的黑暗。無論體驗到樂或明，都不要帶著任何期待，千萬別想：「哇，我的禪修眞的有用！我進步很多！我想要有更多覺受！」若是體驗到類似黑暗或沒有念頭的一片空白，就要一次又一次地把它清除，否則禪修將會些微地陷入昏沉。有些人在禪修時，念頭就像勢不可擋的洪水般湧現，若有這樣的情況，不須覺得沮喪或以爲自己的禪修失敗了，這其實就是徵象，代表你已經開始了知那些原先被忽視的念頭，無須在意。別以爲你得去壓抑或消除念頭，無論發生什麼，教導都說我們的禪修要不帶希望與恐懼、遠離期待與懷疑，這就是禪修的要義。

證悟將在上師的加持下，如黎明到來。因此我們向上師祈請，讓自己與上師的心相融爲一。若能如此，將有一刻你會了悟，所謂的佛，其實與自己的覺性無有分別，而且除了念頭之外，再無其他需要調伏或掌握的了。禪修獲得成就的徵兆就在於，你對上師的虔敬將加深，對眾生的悲心也會增長。你將成爲自己的見證者，對修持充滿信心。

若能掌控自心，面對死亡之際將會了解，所謂死亡只是念頭，只是來自對死亡的印象，而心的自性卻是徹底超越生死。若能獲得如此的自信，將再好不過。

把這個簡短精要的教導牢記在心，這份確信與信心就是我們所謂的「佛法」，也就是你擁有的本具功德。但你若游移不定，誤以為佛法與你並無關連、是別人創造的點子，你將無法從中獲益⑦。相反地，要幫自己一個忙，從輪迴裡解脫吧！要堅定相信自心必須從輪迴裡解脫、離於

⑦敦珠仁波切在此要強調的是「證法」（Dharma of realization），證法的功德是透過實修「教法」（Dharma of transmission）而證得。

業力與煩惱染汙。如果有這般的確信，一切都不是問題。請修行！要不斷祈請，願自己在法道上沒有阻難，並能於此珍貴人生便抵達本初佛果之境⑧。我也會爲你如此祈禱。

⑧原文為本初堡壘（primordial citadel），指始終存在、無有衰損、從未陷入妄念的清淨、光明心性——也就是純粹的覺性，或稱「本覺」（rigpa）。

2

法道要義

禮敬至上法教怙主尊，
恩慈吉祥上師蓮足下，
吾以大樂輪皈敬頂禮。

在此我將提供一些忠告，願能幫助各位的心。

若不斷惡行，
不具別解脫；
不為利他行，
不具菩提心；

如果不讓自己免於惡行，
就不具備別解脫戒；
如果不爲利益他人而行爲，
就不具備菩提心；

不精熟淨觀，
非密咒行者；
不潰解妄念，
不能得了證。

如果不熟稔淨觀，
就不是密咒乘行者；
如果妄念尚未崩毀，
就不能成就了證。

揀擇彼此非見地。
心有作意非禪修。
謀事而為非行止。
心懷希懼不得果。

如果你挑選這或那，那就不是「見地」。
如果你心中有目標，那就不是「禪修」。
如果你以謀略爲事，那就不是「行止」。
如果你懷有希望恐懼，你就得不到「果」。

具信者將趨皈依，
具悲者生菩提心，
具智者能得了悟，
具虔者可獲加持。

抱持慚愧者，慎念己所行。
慎念行止故，自持且自重；
自持自重故，誓戒得持守；
持守誓戒故，彼當獲成就。

具有信心之人將趨前皈依，
具有悲心之人將生起菩提心，
具有智慧之人就獲得了證，
具備虔敬之人可獲得加持。

有慚愧感的人會小心自己的行爲，
因爲觀照自己的行爲，他們會自律自重；
因爲自律自重，他們能奉行戒律和誓言，
因爲持守戒律與誓言，他們將獲得成就。

沉靜自持守，乃聞法之相。
煩惱染汙滅，此禪修之相。
和順待他眾，乃修持之相。
滿懷喜悅心，能見證成就。

佛法根本乃自心，
調伏己心即修行；
欲修行者伏己心，
心調伏者得解脫。

沉靜的自制是聽聞佛法的徵象，
少有情緒煩惱是禪修的徵象，
與人和睦相處是有修行的徵象，
滿懷喜悅的心是成就的見證者。

佛法的根基即是你的心，
當你調伏自心，即是修行佛法；
想要修行佛法，即要調伏自心，
一旦能調伏自心，將獲得解脫。

3

寧瑪傳承

一九六二年十二月初①，
怙主敦珠仁波切於卡林邦佛法中心
給予寧瑪教傳口傳時之教導。

親愛的法友們，我爲各位簡要介紹寧瑪教傳（Kahma）②的歷史源流，這是有著悠久法脈的口傳法教。最近有人問到，寧瑪教傳（藏音爲「噶瑪」）的法教與噶舉法教是否相同？答案是，並非如此。一般所說的寧瑪與薩瑪（Sarma），也稱爲「舊譯派」和「新譯派」，是指殊勝佛法早期與後期的翻譯。這樣的區別只存在於藏傳佛教③中，印度時期的佛教則沒有如此的概念分別。

佛陀法教是在藏王赤松德贊與其子在位時傳入西藏。那時，印度大班智達兼住持寂護論師（又稱：靜命論師）、偉大的蓮花生大士、大班智達無垢友（毘瑪拉密扎）以及其他譯師，包括毗盧遮那、嘎瓦·拜哲、究柔·路·嘉參、瑪·仁欽·確、涅·紮納·固瑪惹，眾班智達與譯師共百人等，共同翻譯諸多經續（經部〔sutra〕與續部）典籍。經過審慎的校訂、釋經、研究、思惟與實修的過程，這些譯文被認可而稱爲寧瑪，即「舊譯派④」。

①日期是由當時在場聽聞開示的楚璽仁波切提供。
②寧瑪派的教傳法集主要與密續有關，是由敏卓林寺的創寺者德達林巴．居美多傑（1646-1714）與其弟洛千達瑪師利（1654-1717）所編撰。教傳法集是由佐欽寺的賈瑟賢遍泰耶（1800-?）首度印行，並建立年度七天的教傳法十三大壇城的修持法會。
③藏傳佛教可大致分為兩大類，即寧瑪派（舊）與薩瑪派（新）。正如敦珠仁波切所述，嚴格來說這是指梵文佛教典籍翻譯至藏文的時期分類。敦珠仁波切被推舉作領導的寧瑪派，為最早期的藏傳佛教；而薩瑪派，包含薩迦、噶舉與格魯，則是在相隔多個世紀後，於西藏滅法結束後的佛教重建時期所創立。

④根據《伊喜．措嘉佛母傳》中所述，藏王赤松德贊（790-844）發願要依循其祖父松贊干布的宏願，在西藏建立佛陀教法。因此他自印度邀請了富有盛名的大乘佛教學者，即大住持寂護論師，至西藏建立第一座佛教寺院。寂護論師遭遇支持苯教的大臣反對以及其他阻力等諸多障礙，於是建議藏王尋求密續大師蓮花生大士的協助。蓮師入藏後掌控了這些阻礙力量並在西藏穩固地建立佛法，且給予包含藏王等弟子們密續與大圓滿的教法。為了試驗西藏人是否能持守誓戒，擇選了七名男子（史稱「預試七人」或「七覺士」），由寂護論師授戒剃度出家，同時開始大規模的梵文典籍翻譯工程。許多印度大師與權威也應邀至西藏為翻譯事業給予指導和協助，在這當中，大學者兼大圓滿大師的無垢友尊者，是最為偉大的其中一位，他給予教授且親自翻譯許多密續和大圓滿的典籍，包含瑪哈瑜伽《幻化網．秘密藏續》、阿底瑜伽心髓教法的典籍。藏人對此翻譯事業也有舉足輕重的貢獻，許多藏人學習梵文成為譯師，其中最卓越的是預試七人裡的僧人毗盧遮那譯師，他在印度跟隨大圓滿大師吉祥獅子（師利星哈）修學，也曾在淨觀中得到極喜金剛（噶拉多傑）親自指導大圓滿密續教法，此外，他還翻譯了阿底瑜伽心部教法早期的五部密續。嘎瓦．拜哲（亦為預試七人之一）除了是大修行人外，也是譯師，他自無垢友尊者領受心髓教法且共同翻譯典籍。究柔．路．嘉參同時是蓮師和無垢友尊者的親近弟子，並自其處領受心髓法教。瑪．仁欽．確也是預試七人之一，繼承寂護論師來帶領西藏寺院的僧眾。在著名的桑耶寺論諍中，由蓮花戒大師帶領的（以蓮花戒大師

為首的）僧團擊敗漢地禪師和尚摩訶衍，瑪．仁欽．確是當時僧團學者成員之一。涅．紮納．固瑪惹在寂護論師座前出家，是一位大學者、譯師，也是一位大成就者。他也是首先完整領受所有瑪哈瑜伽、阿努瑜伽以及阿底瑜伽心部教法的三位大師之一（另兩位為[1]努千．桑傑．耶謝，以及[2]來自蘇氏家族的三位大師合算為一位）。赤松德贊的三位兒子穆尼贊普、穆如贊普和穆底贊普，都是偉大的佛教領袖。穆底贊普之子為赤祖德贊，是西藏法王朝代（Chogyal dynasty）的最後一任法王。更多資訊請見敦珠仁波切所著《藏傳佛教寧瑪教法史》（*The Nyingma School of Tibetan Buddhism*，波士頓，智慧出版社，一九九一，索達吉堪布藏文中譯《藏密佛教史》）；嘉華蔣秋與南開寧波合著《伊喜．措嘉佛母傳》（*Lady of the Lotus-Born*，波士頓，香巴拉出版社，一九九九）；祖古東杜仁波切所著《寧瑪派密續傳承》（*The Tantric Tradition of the Nyingmapa*，馬里恩，麻州，佛乘基金會，一九八四）；祖古東杜仁波切所著《禪修與神通大師》（*Masters of Meditation and Miracles*，波士頓，香巴拉出版社，一九九六）。

之後朗達瑪政權禁止佛教，法教在西藏佛法之地瀕臨斷滅。幸而，這神聖傳承得以在西部省份的阿里地區倖存。到了益希・沃（Yeshe Ö）與其弟在位期間，仁欽・桑布（Rinchen Zangpo）和其他譯師重新開始佛典翻譯工程⑤，此後完成的翻譯法教稱為薩瑪，即「新譯派」。現在有些人稱，寧瑪派缺少經論法教，薩瑪派缺少續部法教，這些人缺乏學識且對佛法無知，寧瑪派與薩瑪派都有經續的完整法道。最近也有人自稱博學，卻惡意宣稱現今的寧瑪法教缺乏可信的法源，表示佛法在朗達瑪時期已經全毀，現在的寧瑪教傳與伏藏都只是我們的編造。正因這些說法，讓一些未受教育、怯懦的人們心生懷疑，誤以為這些謠言為真，但事實絕非如此。

⑤朗達瑪是藏王赤祖德贊（866-901）之兄（【譯註】一說為其弟），暗殺了赤祖德贊。他是一位苯教徒。苯教是在佛教之前，信徒眾多的西藏本土宗教。在其執政的九〇一至九〇六年期間，下令大規模禁止佛教相關組織，尤其拆毀了大量的寺院，史稱「朗達瑪滅佛」。朗達瑪後來遭到佛教瑜伽士拉瓏·貝吉多吉刺殺，在他死後不久，朗達瑪的次妃生下遺腹子沃松，在拉薩登基。不久，長妃另立之皇子策動叛亂，且沃松的兩名孫子也引起王朝的分裂，這導致王國四分五裂，沃松的一名孫子流亡於西藏西部地區，王室僅存於此處。後代傳人贊普科日將王位傳給其弟並出家為僧，法名拉·喇嘛·益希·沃。益希·沃把二十一名年輕人送到喀什米爾學習梵文與佛法，當中只有兩人存活，並成為著名譯師，即新譯派（薩瑪派）的首位譯師仁欽·桑布（958-1051），另一位則是譯師勒佩謝饒。後來益希·沃以黃金迎請印度超戒寺的著名大乘佛教大住持阿底峽尊者。當時因為阿底峽尊者需要留在印度以避免佛法於未來衰微，因此他拒絕了這個邀請和禮物。多年後，阿底峽得知益希·沃與人民們為了迎請他而盡心竭力且歷經艱難，終於接受第二次的迎請。阿底峽尊者在西藏停留十二年，於一〇五四年在聶塘寺圓寂。由阿底峽與其弟子仲敦巴興起西藏佛教的新發展而形成了噶當派。

當朗達瑪企圖摧毀佛法時，縱然他完全壓制了寺院層級的佛法事業，但由於朗達瑪懼於偉大瑜伽士努千・桑傑・耶謝⑥的力量，所以他無法傷害在家的密乘修行者。實際上，這些瑜伽士因為不像出家眾有明顯的外在特徵而得以倖免於難，同時也自然無人知曉他們乃是心中執持佛法的法器。因此，這些白衣密乘修行者，以釋經、研習、思惟與實修維護佛法，完整保存了經續二部的典籍，讓密咒乘得以成功流傳至今。感謝他們的恩慈，今日才能讓我們聽聞、修行這些如同滿願寶的法教。

朗達瑪滅法之際，大住持寂護論師的三位弟子，瑪（Mar）、尤（Yo）、臧（Tsang）逃亡至西藏東部的康區。待朗達瑪死後，他們為喇欽・貢巴饒賽（Lachen Gongpa Rabsel）和其他十位來自衛、藏地區的人們授予出家戒，佛法於西藏弘揚的後期時代自此展開。不久後，仁欽・桑布嶄露頭角，並逐漸有其他薩瑪派或稱新譯派的譯師追隨他。噶當、

⑥偉大的密續大師努千・桑傑・耶謝（gnub chen sangs rgyas ye shes，藏），高壽至一百三十歲，是讓密續教法在西藏興盛與弘揚的三位大師中的第二位（第一為涅・紮納・固瑪蕊，第三則把出身蘇氏家族的三位大師合算一位）。努千・桑傑・耶謝是蓮花生大士和涅・紮納・固瑪蕊的弟子，本身示現了諸多大成就者的神蹟。他造訪過印度和尼泊爾，跟隨師利星哈和無垢友尊者等大師修學。據說當朗達瑪開始滅佛時，曾下令要努千顯示神變。大瑜伽士努千則以忿怒印回應，朗達瑪隨即見到九隻犛牛一樣大小的蠍子出現在上方空中。隨後，瑜伽士朝一顆巨石的方向做出威嚇印，石頭立即被閃電擊碎。國王一見大喜，並承諾不傷害瑜伽士及其追隨者。其實努千・桑傑・耶謝弟子眾多，著作多達等身之高度，其中一部重要著作是《禪定目炬》（*The Lamp of Concentration*），當中闡述大圓滿見地和漢地禪宗和尚摩訶衍所提倡「頓悟」法門之間的差異，而後者與寂護論師弟子蓮花戒論師的「漸悟」法門恰為對比。

薩迦和噶舉與其他宗派開始傳播流傳⑦。而後噶當派之尊主宗喀巴創建了甘丹派，又稱格魯派。到了益希・沃政權後半時期，開始有寧瑪傳承的「伏藏師」出現⑧。

寧瑪法教可分為悠久口傳歷史的「教言傳承」（教傳法），以及較近傳承的「伏藏傳承」（伏藏法）。教言傳承的法脈，是自普賢王如來開始，無有間斷地一路透過口耳相傳，交付給我們現在的根本上師。在傳承中，主要法教⑨是瑪哈瑜伽的《幻化網・秘密藏續》、阿努瑜伽的《意集經》，以及阿底瑜伽心部、界部與竅訣部⑩的相關法教。已印行的寧瑪密續涵蓋超過四百四十部不同的典籍⑪，仍有為數眾多的密續法尚未印行。

⑦噶當派由祖師阿底峽（982-1054）與其弟子仲敦巴創立；薩迦派由昆．貢卻傑波（1034-1102）所創，而噶舉派則主要由馬爾巴譯師（1012-1099）創立。最後，宗喀巴（1357-1419）創立達賴喇嘛尊者所屬的格魯派。

⑧第一位出現的伏藏師，是十一世紀的桑傑喇嘛，他是藏王赤松德贊的化身，在西藏西部的阿里地區洛沃格噶寺的柱中取出許多蓮師和觀音菩薩的成就法以及大圓滿教法。更多資訊請參見祖古東杜仁波切所著《西藏伏藏法》（*Hidden Teachings of Tibet*，倫敦，智慧出版社，一九八六）。

⑨這在藏文中稱為經、幻、心（mdo sgyu sems gsum，藏）。「經」指阿努瑜伽續的《意集經》（*The Essential Compilation*）（*'dus pa mdo*，藏）；「幻」指瑪哈瑜伽的《幻網續》（*sgyu 'phrul drva ba*，藏）；「心」則是指阿底瑜伽心部教法。

⑩心部（rgyud，藏），指心性、相續；界部（agama，梵）（lung，藏）代表釋論；竅訣部（upadesha，梵）（man ngag，藏）則為心要指引。

⑪第一部寧瑪密續典籍【譯註：《寧瑪十萬續》】是由惹納．林巴（1403-1478）與後人德達．林巴（1646-1714）及其弟洛千．達瑪．師利盡心竭力而著。持明吉美．林巴（1730-1798）根據他們的著作彙編了第一套分類。一九七〇年代，頂果．欽哲仁波切出版了三十三函的《寧瑪密續法集》（*Nyingma Tantras*）（*rnying ma rgyud 'bum*，藏）。

除此之外，蓮花生大士也慈悲地爲後世衰敗惡法時代中的佛法與眾生，預先設計了補救措施。他把許多不可思議的伏藏法、珍寶與三昧耶物一起封印在雪山、岩石與湖泊中。隨著時間過去，待時機成熟時，蓮師證悟弟子化身示現的伏藏師發掘這些秘藏珍寶，並弘揚其中的殊勝法教，這些法教就是所謂的近傳伏藏法。主要的內容爲八大嘿魯嘎成就法⑫、《上師意集》⑬，以及普巴金剛成就法⑭，這些涵蓋了生圓次第、瑜伽、儀式與竅訣等各種修持。直至現在，已經出現數以百計的大伏藏師，以及超過千名的小伏藏師。

教傳法在經部方面的法教涵蓋了別解脫乘與菩薩乘，在續部方面的法教則包含了事部、行部和瑜伽部密續。然而，教傳法的主要內容是無

⑫八大嘿魯嘎（bka' brgyad，藏）相關的成就法包含以下三大部，即娘・讓・尼瑪・沃瑟（1124-1192）取出的《八大嘿魯嘎善逝總集》（*bka' brgyad bde gshegs 'dus pa*，藏）；咕嚕・卻旺（1212-1270）取出的《八大嘿魯嘎秘密圓滿》（*bka' brgyad gsang ba yongs rdzogs*）；仁增・貴登（Rigdzin Godem）（1337-1408）取出的《八大忿怒嘿魯嘎自生自現》（*bka' brgyad drag po rang byung rang shar*，藏）。這些伏藏法都是「薩德」（sa gter，藏），或稱「地伏藏」，此指在實體物質，如土地等處所發掘的伏藏法。在此用以區別「貢德」（dgong gter，藏），或稱「意伏藏」，是指於伏藏師心中直接顯現的教法。請參見祖古東杜仁波切所著《西藏伏藏法》。

⑬《喇嘛貢讀》（*Embodiment of Wisdom*）（*bla ma dgongs 'dus*，藏）即《上師意集》，為著名的地伏藏，乃長達十三函的鴻篇巨作，是桑傑・林巴取出的伏藏法。

⑭主要是指咕嚕・卻旺所發掘的「利刃」（spu gri，藏）成就法，以及惹納・林巴取出的「無上極密」（yangs gsang bla med，藏）這兩個金剛橛成就法。

上密續，這在寧瑪傳承中區分爲三部。如同前面提過的，第一部是瑪哈瑜伽（密續部），包含了《幻化網．秘密藏續》⑮等密續，以及各種尤其與證悟之身、語、意、功德、事業相關的壇城密續。第二部爲阿努瑜伽（密續中的甚深法教），涵蓋與九乘次第相關的《大聚集合經》⑯壇城法教。第三是阿底瑜伽（心性指引的法教），此又再進一步區分爲：（一）外的法教，包含心部十八部密續⑰；（二）內的部分，包含《界部金剛橋》⑱與其他密續；（三）密的部分，包含十七部密續⑲與許多典籍。

從寧瑪佛法歷史的各項研究可知，無論是從教言傳承早期就已在西藏弘揚的角度，或是從教言傳承持有者展現的宏高偉大境界來看，都說明教傳法是寧瑪傳承的根基。關於《幻化網續》或稱《秘密藏續》等傳承法教的教授與實修指引，在多數的寧瑪寺院中都毫無毀損地保存至今日。這些法教也是中藏的多傑扎寺與敏卓林寺、下康區的噶陀寺與白玉寺，以及中部地區的雪謙寺和佐欽寺之根基。

但在我們這個時代，異族軍隊入侵，殘暴惡毒地摧毀佛法，攻擊西

---

⑮這是瑪哈瑜伽續的根本續。全名為《金剛薩埵幻化網續．吉祥秘密藏續》（*Vajrasattva's Phantasmagorical Net—The Secret Essence*）（*rdo rje sems dpa' sgyu 'phrul drva ba rtsa ba'i rgyud gsang ba snying po*，藏）。

⑯《大聚集合經》（*The United Assembly*）（*tshogs chen 'dus pa*，藏）。

⑰《心部十八母子續》（*sems smad ma bu bco brgyad*，藏）。前五部由譯師毗盧遮那翻譯，稱為母續；後十三部由玉扎．寧波與蓮花生大士翻譯，稱為子續。

⑱《界部金剛橋》（*The Bridge of Diamond*）（*rdo rje zam pa*，藏）。

⑲《十七續》（*rgyud bcu bdun*，藏）。

藏與康區中維護佛法的寺廟與僧眾，沒有任何文字能倖免於難。這是我們面臨的艱鉅災禍。縱然如此，在西藏的所有戰亂結束後，我仍努力把自己在貝瑪貴的所有書籍都帶到印度。

楚璽．霞條仁波切（仁波切對法教的延續與保存有強大的使命感）常常對我說，他希望能領受教傳法完整的灌頂、竅訣與口傳。他最近從索盧坤布一路忍著身體上的折磨來到這裡獻上供養，就為了再次請法。因此，今天我還能有機會給予遠傳教傳法的教導，並且給予灌頂與口傳。這也代表即使在現今的巨大黑暗中，法教的生命力與延續力仍未全然斷滅。我們應為此欣喜。

多年前，我在二十多歲時於敏卓林寺領受許多教傳法的灌頂、口傳和竅訣，包含八大嘿魯嘎以及《上師意集》等。當時有多位喇嘛和祖古都同時接受法教，其中主要的受法者是敏卓林傳承的兩位心子：敏林·堪仁波切·欽哲·諾布與敏林·炯仁波切·拿旺·卻札⑳。然而，持明大住持曾在多次的會面中特別囑咐我：「我已經把最重要的教傳和伏藏法教之全部灌頂、口傳和竅訣都授予你㉑，現在守護寧瑪法教是你的任

⑳偉大的寧瑪派東藏寺院傳承持法者——楚璽仁波切即是自敏林·炯仁波切·拿旺·卻札座前受戒出家。

㉑持明（Vajradhara），字面含意是「持金剛者」，這是對偉大導師表達極高敬意的稱號，我們無摧（金剛）自性的鑰匙就在上師手中。在此敦珠仁波切以此敬稱堪布阿滇，久美·遍德·沃瑟（Khenpo Aten, Gyurme Pende Ösel）。

務，務必要仔細保存所有教傳與伏藏法的書籍，並把握一切機會教授且弘揚法教。」如今，當我憶起他的叮嚀，才明白他的話預測了未來。

當我從怙主普楚仁波切[22]領受《大寶伏藏》（*The Precious Treasury of Termas*）[23]時，他也曾開玩笑地對我說：「在兩位文殊怙主上師——蔣揚・欽哲・旺波[24]與蔣貢・工珠・羅卓・泰耶[25]的所有弟子中，只有我傳授《大寶伏藏》五次之多，但現在你要傳授十次！」記得那時我心想這怎麼可能辦得到，但現在我明白，當時仁波切有未卜先知的洞見，固然我從未計畫要如此，至今卻也已傳授了九次之多[26]。

身爲諸位老父的我，除了一點之外不具備任何功德。我的根本上師們都是蓮師本人的示現，個個學問廣博且成就殊勝。而我從未做過任何

㉒普楚仁波切（Phuktrul Rinpoche），久美．涅敦．旺波，是敦珠林巴的弟子，也是敦珠仁波切的根本上師之一。

㉓大寶伏藏（*rin chen gter gyi mdzod*，藏），寧瑪派諸大伏藏師所發掘的伏藏法之集結，由工珠．羅卓．泰耶（1813-1899）編撰，有六十函之多。後由頂果欽哲仁波切增加內容，並於一九七八年在德里發行修訂版。

㉔蔣揚．欽哲．旺波（1820-1892）是西藏利美（ris med，藏）或稱不分教派運動的發起者，是西藏傳統的大學者，也是一位成就者。他是少數幾位擁有完整七大傳承（bka' 'bab chu bo bdun，藏）的大伏藏師之一，包含教傳傳承與六大伏藏傳承。因此，他被認為是五大伏藏王的最後一位。

㉕蔣貢．工珠．羅卓．泰耶（1813-1899），是一位卓越不凡的學者、大師，同時也是伏藏師，在不分教派運動（利美運動）中和蔣揚．欽哲．旺波有緊密的合作。他的著作繁多且主題廣泛，他的著名偉大著作之一為《五寶藏》（*Five Great Treasures*）（*mdzod chen lnga*，藏）。【譯註：早期將「工珠」譯為「康楚」，今作更正。「文殊怙主」的拼音為「蔣貢」（Jamgön）。】

㉖根據記載，敦珠仁波切在年僅十四歲時，就首次給予《大寶伏藏》的教授，令人稱奇。

讓他們失望的事，未曾有任何細小的不當行爲，也不曾違背他們的期望。我的三昧耶毫無衰損，這一點就是我根本的成就。我必須說，能有這樣清淨的傳承，我爲自己歡喜。以現在的時代來說，這不是相當特別嗎？

眼前領受灌頂和口傳的兩千多位出席者中，有三十七位祖古和約莫六十位住持、教授和老師。大部分都是寺院與密乘的僧眾，以及佛法的修行者。這裡面大約四分之一是在家眾，男女皆有。在過去，把如此深奧的密咒乘灌頂公開給予這麼多人並不合乎傳統，只有確實能夠修持和持守三昧耶的人才可獲得法教。

但教導上也說，戒律應隨著該國的風土民情調整，所以我也會從善如流。今日，即使是孩童也都會欣喜地領受灌頂，任何被排除在外的人都不會高興。縱然，當人們被問到是否會修持，要是他們允諾但實際上力有未逮，三昧耶即會退失，而且這會同時成為我和他們的墮罪。但另一方面來說，帶有謬見的人們就算獲邀也不會前來參加，因此我把所有參與者視為深具信心的弟子來給予灌頂。常聽到如《月燈三昧經》（*Chandrapradipa sutra*）當中所說的：「佛性遍布一切有情眾生心中。」以此之故，所有眾生都是適於領受灌頂的容器，都應以菩提心廣納之。且因法教「自密」的緣故，那些缺乏理解的人們也會自然被此善妙方便排除。由此看來，我認為廣大無別地教授密咒乘，並不會有過失。

至於灌頂時，需要清楚地理解每一字詞，要能在心中清晰顯現觀想與禪修的內容。若非如此進行灌頂，且對於實際進行的事情毫不了解，僅僅只是以加持物觸碰頭頂、飲用寶瓶中的水，是不可能讓心成熟的。相同地，密咒乘的根本就是淨觀，若一個人帶著淨觀以及毫無懷疑的虔敬，把上師視爲壇城中本尊的眞實顯現，將灌頂加持物視爲眞正的甘露而受其加持，就像教導上也提到的，僅僅是一瞥密咒乘壇城，僅僅是耳聞本尊名號，都會成爲無量利益之源。懷著這般態度，必然可得到灌頂的加持。

一旦領受灌頂，遵守三昧耶就極爲重要。這就像把蛇放入竹莖當中，蛇只能往上或向下走，中間無路可去。換句話說，若你沒有毀損三昧耶，你將能向上直達佛土；反之，你就會下墮地獄。關鍵是，要珍視遵守三昧耶的重要，把法教付諸實修，而且你必須爲自己而做。我們需要持守許多不同的三昧耶、修持許多不同的教導，你必須懂得如何同時奉行，把一切法教濃縮成一個精要。

對於佛法修行者而言，沒有比修持錯誤還更嚴重的過患。動機和修持必須永不相互矛盾，這點極爲重要。別僞善地嘴上嚷著：「我皈依、我皈依」和「慈悲、慈悲——噢！眾生都正在受苦，這眞令人悲傷。」同時卻又對信心、三昧耶與業力因果毫不在意，虛僞地追求自私自利的目標。

眞正的佛法不離自心，就在此心之中。因此，佛陀說：

「諸惡莫作，眾善奉行，自淨其意，是諸佛教。」

若把這句偈頌萃取出一個要點，也就是說，只要是動機出自貪瞋癡三毒的任何行爲，無論大小，都屬於惡，我們必須奮力斷除。當我們不再傷害他人，且根除傷害他人的動機，就能圓滿持守別解脫戒。同樣地，不受三毒所染的行爲，無論大小，皆是善，這是我們必須達成的。當我們不再受三毒所染，就能漸漸培養發願幫助他人的利他心，菩提心即在利他心和利他事業中究竟圓滿。善行或惡行取決於善或惡的意圖，所有善與惡的源頭即是此心，對此我們必須要不捨日夜地自省。佛法八萬四千法門的目的只有一個，即是調伏己心。當我們能將自己狂野、粗糙〔而未受馴服〕的心成功帶回家，所有凡俗的感知與執取都會自然消融，萬法的「廣大清淨」即能顯現㉗，如此便能圓滿成就密咒三昧耶。

克制自心就能自然發展善心，這也就是我們常說的美妙字眼——菩提心。除此之外，密咒乘的三昧耶並非指身、語層面〔在戒律中特別重視這一點〕，而是指意的層面，一瞬間就可能壞失。舉例來說，只要對一位金剛師兄生起強烈且發自內心的瞋恨，就犯了金剛乘的第三根本

㉗廣大清淨（dag pa rab 'byams，藏），這是用來描述密續證悟的術語。其涵義在於，一切顯相、聲音與念頭皆為本尊、咒語和本初智慧之壇城。

墮㉘。如果輕視其他宗教，更遑論蔑視其他佛教宗派，就犯了第六根本墮。你必須馬上清淨自己的三昧耶，愈拖延，過失就更加重大。因此，不要輕忽任何對三昧耶的違犯，縱有些許的退失，都要立刻盡力懺悔。

從你領受三根本的任何本尊灌頂那一刻起，就要以本尊的身、語、意為自己的主要修持和觀修㉙，這就是你的三昧耶。當然，你也許無法奉行所有本尊的各式修持與大量持誦，此時便可觀修一切壇城之怙主——金剛薩埵，事實上這就等同觀修所有本尊。咸認金剛薩埵的修持能清淨一切三昧耶的破損、毀墮與過失，因此，在日課的懺悔支當中，每天應念誦二十一次百字明咒，這是非常重要的修持。簡言之，若能保持良善的生活方式並有良好的禪修，便得到了灌頂的要義，自己也能從中獲益。

雖然今日的灌頂並未事先公告，但由於我們過去與佛法的清淨連結，以及我們的業力與願力，今日得以在此相聚。若能持續祈請且不斷

㉘一般來說，無上密續中的十四根本墮（馬鳴菩薩所造）為：1.批評毀謗金剛上師。2.違犯佛陀傳授之戒律，包含該取或該捨之事物，以及違越具德上師之教導。3.對金剛師兄弟起瞋怒。4.傷害眾生或忘失慈心。5.退失菩提心。6.毀謗其他宗派、毀謗外道。7.對因緣未成熟者揭露秘法。8.輕蔑自身與諸蘊。9.懷疑「諸法自性清淨」的教法。10.不「解脫」造惡眾生與惡行。11.對超越概念言詮之諸法仍起分別。12.障礙具信心之眾生且使其遠離佛法。13.未依三昧耶來適當對待修持所需物品。14.輕視女人。

㉙三根本（rtsa gsum，藏）。指密續教法中的皈依三境。亦即：上師為加持之根本、本尊為成就之根本、空行為事業之根本。

發願，我確信來世我們一定能在淨土重逢。

因此我懇請各位師長與弟子們，發起究竟清淨的菩提心。恆常發願與持續祈請，讓所有富足與喜樂之源的殊勝佛法能傳揚十方。祈願頂嚴雪嶺怙主達賴喇嘛尊者，以及一切傳承持有者皆能長壽住世、事業增廣。同時也祈願世界所有眾生，特別是印度聖地和雪域西藏的人們，能立即自此衰敗惡世的痛苦與折磨中獲得自由，並得以享用喜樂與富足的豐饒饗宴。

還有一件事要請求上師與祖古們，這是我很大的願望和期許。身爲一介老父的我，身體健康狀況已大不如前。這種狀況下要我持續給予教傳法的講授並廣傳灌頂和口傳，是極困難的。現在我能夠給予你們完整的法教讓我相當歡喜。你們繼承了祖師大德的財富，絕不能容許這如同滿願寶的甚深法教衰退，你們必須體認到此重大責任。

除了我手中這一套以外，所有寧瑪教傳的典籍都已被完全摧毀。如果遺漏任何一頁，就會破壞法教傳承的完整。因此我請求喇嘛與祖古們，盡力廣為印刷、發行這些典籍。為了你們自己與他人來修持、成就這些法教。教授、弘傳法教，讓法脈能長久延續、永不斷滅。在此衷心懇求諸位，請用最大的心力維護保存這些法教，這是最重要的。

4

修行無有宗派偏見

為心懷沮喪的行者開示，

強調以信心與虔敬作修持的重要性。①

同聚在此的金剛兄弟姊妹，我要跟各位談幾件事。西藏人是來自佛法深植的國家，我們可說是名符其實地眞正出生在觀音菩薩的佛土，而且或多或少都知道佛法的涵義。但是佛教徒與否，則取決於是否皈依佛、法、僧三寶。已皈依者爲佛教徒，反之則否。三寶當中的佛，在這個如黑暗深淵的世界中揭示了如日光明的殊勝佛法。佛陀是我們、更是所有眾生的導師與恩人，佛陀爲了帶領我們至佛國淨土、令我們解脫，而宣說了不可思議的殊勝佛法。法即爲道途。聽聞、教授和修持佛法的法教持有者即爲僧。三寶有非凡的功德，正因三寶，讓解脫痛苦輪迴、遠離三惡道，以及成就永恆喜樂的佛果，都成爲可能。我們必須認識三寶的內涵並皈依三寶。

我們因皈依而成爲佛教徒，讓自己皈依的根本要素則是信心，因此信心乃是佛法的基礎。一開始，驅使我們皈依的是信心與虔敬，這兩者使我們能夠融入皈依，使其成爲自己的一部分。若是沒有信心，也就沒有皈依；一旦沒有皈依，我們將無從得到三寶的加持。所以，我們應該對三寶有眞誠的信任，相信三寶是我們無欺且恆常的保護者，以此來向三寶尋求庇護，並全然倚賴三寶，這就是皈依的眞義。我們的信心要如山那般穩重堅定、如海那般廣無邊際，要讓信心恆常不變。倘若信心不

①本篇是敦珠仁波切給予敦珠新巖傳之《蓮師七寶藏》（*Distillation of the Seven Treasure Teachings*）（*bla sgrub gter kha bdun bsdus*，藏）灌頂時，對其寺廟僧衆和在家弟子的演說。此法本是敦珠仁波切根據蓮花生大士的七伏藏法門所編。

夠穩固，僅僅只是表面上的信心，又或者只在感覺一切安好時才行「皈依」，那麼三寶的加持將難以進入我們自身。

總括來說，在這個世界，出現了釋迦牟尼佛的法義以及密咒金剛乘的法教。尤其在雪域西藏，由於諸佛的悲心與眾生的共同福德，經和續的法教更是如日之升地一起出現。也因爲我們所趨入的大乘種性❶，我們瞭解在廣袤虛空中遍滿的無量眾生，都未曾不是自己的父母，就如我們現世父母一般給予自己深切的關愛。因此對於一切眾生、個人曾經的父母，我們都感到責無旁貸。即使一句六字大明咒，都要爲他們念誦；即使一個大禮拜，也要爲他們頂禮。這就是大乘的發心與動機。

我們也許知道自己身陷輪迴泥沼及三惡道中。但假使只爲了自己希求解脫，缺乏爲他人帶來安樂的利他心，如此一來，我們的種性即是別解脫乘（hinayana，或稱小乘）而非大乘佛教。就算自己皈依且希求獲證解脫，但這種局限心態帶來的結果，將限制我們的能力，僅能行於聲聞乘與緣覺乘的法道。

無論做何種修持，只要是出自佛陀教言，包含在經續當中的修持，這一切修行的最初基礎都是皈依和發心，此處的發心是指，生起爲了利益眾生而希求證悟的菩提心。歸功於我們所累積的福德，佛法降臨在西

❶種性或根性，指佛法修行所依。在不同經典中有不同分類，常見如聲聞種性、緣覺種性、菩薩種性等。

藏。佛法在篤信佛教的藏王松贊干布時期開始傳入西藏，而後奠定於大住持寂護論師、蓮花生大士，以及虔誠的藏王赤松德贊時期②，直至今日都無有退損或衰敗。又因佛法含括各種豐富的法門以隨順眾生需求，所以在西藏出現了完整的佛法教導。由於這些經典是在不同時期從梵文譯為藏文，我們稱之為舊譯派與新譯派。在這兩種分類中，又有許多不同宗派，但其本質都是相同的，都是佛陀本人的教導，皆來自佛陀的完美無瑕法語。因此無論是來自初期或較晚的翻譯時期，所有不同的學派，如寧瑪、噶舉、薩迦或格魯，其實都只有名稱上的差異，在本質上都屬同一法要，皆為佛陀之語。這也代表著，雖然我們有自己親近依循的傳統，但絕不能貿然批評其他派別。只要帶著信心與虔敬依循自己的傳統修習，就能確信我們是走在無謬的佛法之道上。倘若帶著偏見與派系分別的心態，認爲只有自己的修行是正確的，甚而詆毀其他法教，這就犯下了極嚴重的過失。佛陀曾說，只有他本人以及與他同等證量者才能評斷他人，其餘無人能爲。而且諸佛菩薩的顯現遍及一切，所以切勿批評他人。反而要修習淨觀，修持你所希冀的法教。

②松贊干布（617-698）政權時期，吞彌．桑布扎設計了西藏文字與最初的西藏文法，同時也翻譯與觀音菩薩相關法門的第一部西藏法本，為佛教修行與禪修打下基礎。松贊干布也建造了大昭寺與小昭寺這兩所西藏最重要的寺廟，其中供奉釋迦牟尼佛與不動佛的佛像。這些佛像是由松贊干布的后妃們，也就是來自漢地的文成公主與來自尼泊爾的尺尊公主分別帶入西藏。

相同地，特別以西藏人來說，從未有一人、甚至從未有一個孩童不曾聽聞六字大明咒，無有一人對佛法缺乏信心，這是多麼令人難以置信。雖然我們現在只是難民，但從流亡至今，三寶一直都在我們心中，不曾捨棄。我們應該帶著對三寶專注的信心來修持佛法，把所有佛陀的眾多法教萃取出單一精要。畢竟我們不可能分別修持所有法教，沒人能辦到，也沒人知道方法。那麼問題是，如何把所有法教與修持濃縮為一？怙主佛陀曾說：「諸惡莫作，眾善奉行，自淨其意，是諸佛教。」佛陀教言即在於此。

什麼是惡？什麼是不善？傷害他者的行為即屬於惡。此外經典也提到，不僅是要斷除現在傷害他者的行為，也要斷除未來對他者的傷害

（即惡業之果）。而什麼是善？善就是良好的心，祈願利益他人，這就是所謂的菩提心。若我們心意良善、希求他人獲得福祉，並爲他人和自己帶來幫助，這就是修持善行。善完全取決於好的發心，也許我們擅長念誦皈依祈願文，但若是帶著惡念，這一切將毫無意義。就像常聽到的：「意樂動機善，地道功德善；意樂動機惡，地道功德惡③。」動機善則心善——我們應須與莫忘於此。此即佛法，除外再無其他，再沒有更宏

③薩（sa，藏），指「基」或者「程度」；朗（lam，藏）代表「道」。大乘修行分為五道（資糧道、加行道、見道、修道與無學道），修行者依此次第臻至佛果。其中第三的見道，於此修行者能直接體驗究竟實相，並在此後展開菩薩證悟的十地。十地過程始於「見道」、再經「修道」，直至最高的「無學道」而成佛。

廣、更微妙的了。

有個故事可以說明這個道理，這故事裡的三個男人都因為一個泥塑擦擦（tsatsa）④證得佛果。一名男子懷著對三寶的廣大虔敬和信心做了一個擦擦，後來另一名男子在路旁發現它，擔心擦擦若無遮蔽物會被雨水損毀，一時又沒有其他方法，只得脫下自己的鞋子蓋在擦擦上面。第三位男子非常震驚地發現擦擦被這樣蓋著，他心想：「把鞋子蓋在擦擦上是多麼不敬又糟糕！」所以他把鞋子取下。當然用鞋子蓋住擦擦是不好的，但因為第二位男子真誠且良善的動機以及對三寶完美的信心，他所做的就是善行。據說這三名男子都獲得證悟。

佛陀曾說，務必要「自淨其意」。我們的一切所為，無論善惡，真正的起因都是心。在我們生命的深處都渴望著同一件事，都想要離苦得樂。但正因如此地希冀，我們生起了貪、瞋、癡三種煩惱，反而面臨痛苦。我們因爲這些煩惱而累積各種行爲，讓自己無法脫離輪迴。因此，重要的是，從一開始就要觀察發心是善、是惡的差別，以自己的正念來作爲我們的老師。我們必須以正念檢視善惡，善念生起時，隨之而爲；惡念生起時，則令其止息。快樂來自善心、痛苦來自不善心，就是如此簡單，我們可以從自己的經驗來觀察這點。當佛陀說到地獄道與餓鬼道時⑤，並非憑空捏造，佛陀僅是如實而述。

④擦擦是指小型的佛塔、佛像等，以陶土翻模製作。

除此之外，一切我們尊敬與供養之物都是修行佛法的助緣⑥。但佛法本身就在我們心中，不在他處，全然端看自己動機的善惡。因此時時保有善心極為重要，若我們能如此而為，就擁有了佛陀法教。當我們能正確行善、斷絕惡行，對業力因果生起信心且深信三寶，就永遠不會做出令自己慚愧的事。所以重要的是，不要做任何會讓自己將來後悔的行為。

我們現在居住的環境時常要與外國人接觸，年輕一代正受到影響且逐漸失去信念。有很大的風險在於，他們將對佛法失去興趣。我們應該要審慎思考並採取對策以避免這種情況，要永不捨棄三寶！

蓮師當初預言了降臨在西藏的災難，同時也提到避免方法，從第五世⑦到第十三世⑧達賴喇嘛的一切儀式都要如法舉辦來扭轉這災難。然而，十三世達賴喇嘛尊者圓寂時，這個預言卻被置之不理，典禮與儀式並未依法舉行，「惡法遍傳、魔軍生起，人心爲魔鬼所持。」預言果真實

---

⑤餓鬼（Preta，梵，音譯：薜荔；yi dvags，藏），為眾生輪迴的六道之一。

⑥此指三寶、上師、神聖圖像、書籍等等。

⑦第五世達賴喇嘛（1617-1682）嘉華阿旺洛桑嘉措，常被尊稱為「偉大的五世」，是第一位統治全西藏的達賴喇嘛。他和德達林巴有很深的修行淵源，本身也是伏藏師。儘管他是格魯派主要領袖之一，他同時也是寧瑪派的大護法。

⑧第十三世達賴喇嘛（1876-1933）嘉華圖登嘉措，藏人敬稱為「偉大的十三世」。是精神領袖、也是作家，同時也是具有洞察力與遠見的政治家，讓西藏在艱難時代中仍能保持獨立。他致力於讓西藏現代化且改革政府，他的建議和政策若能在當時受到重視，西藏的命運將會有很大不同。

現了。假使當蓮師在西藏時，能進行三次驅魔，施咒綑伏邪惡力量，佛法就能繼續長存。但在邪惡大臣的阻礙下他只進行了兩次驅魔⑨。以此之故，我們的國土陷入各位都深知的巨大災難中。

幸而，在這沉重的不幸中至少還有一線曙光，那就是達賴喇嘛尊者。尊者的外在猶如鐵籬，內在則如珍寶。尊者是我們此生與來世的皈依處，也是人天導師。尊者已安然無恙地到達聖地印度並安頓於此，從客觀的角度而言，都要感謝這一點，才能讓佛法、或是讓面對當前政治情勢的西藏人，能夠有不可思議的發展。不需我再多言，各位都知道這一切的發展完全歸功於達賴喇嘛尊者。我們應對尊者抱著無盡的感激並且祈禱他長壽住世，這是極其重要的。

而這又代表了什麼？我們當中無有一人未曾領受尊者的法教與灌頂。我們現在都因佛法與尊者有了連結，因此必須持守三昧耶。倘若只用嘴上的虔敬四處說著：「嘉華仁波切，嘉華仁波切⑩！」但行為上卻違背這份虔敬，那就是徹底錯誤的行為。我們必須依循尊者的希願而為。把三昧耶濃縮為一，務必知道我們都是佛陀的弟子、都是佛陀的追隨者。原則上我們應該修行自己依循的傳統，而同時也不批評其他傳

⑨此故事於嘉華蔣秋與南開寧波合著的《伊喜．措嘉佛母傳》當中有詳盡描述。
⑩依慣例，西藏人並不直稱「達賴喇嘛」而是用其他敬稱。常用的如「嘉華仁波切」，意指勝者珍寶。

統和派別、不嘲笑他人過錯。身在國外的我們，不應展示自己的不當行爲！即使無法對他人生起淨觀，最起碼也要決心且發願不批判他人、彼此不生邪見。有時我們簡直是到處挑釁！一波未平一波又起，完全不得安寧！一定要盡力避免這些狀況。年長者應告誡年少者，我們都應該提振精神、發起願心，在當前此刻這一點非常重要，實際上這就是爲尊者祈願長壽，以及眞正承事佛法的最佳方法。

無論來自本地或他方，我們都渴切地想要西藏自由。要達到這個目的不能只是嘴上說說，在家眾與出家眾必須如水乳交融一般眞正徹底團結。若我們能做到這點，我深信因爲菩提心、上師的無畏決心、三寶，以及最重要的達賴喇嘛尊者，西藏會重獲自由。但如果我們內部爭鬥、相互刁難，這不僅可恥，更會造成眞正的障礙。所以請諸位牢記，我懇求各位奮力讓尊者的願望得以實現，這是我，一介老夫給予各位的忠告，這就是我最終的遺言。

5

中陰

給予千佛灌頂以及

虛空主大悲觀音成就法教導時之開示

教導說，佛陀的一切法要都彙集在六中陰法教中。佛法是如此廣大深遠，眾多乘別與法門形成令人難以置信的法教寶藏。對於想在一世之中到達本初佛果境界的人來說，這些修持法要就在六中陰的架構裡。

那麼，什麼是中陰？中陰是一個「不在此，也不在彼」的狀態，定義為一個「在中間」的過程、一種過渡階段。六中陰指的是：（一）自性之此生中陰（二）迷亂之睡夢中陰（三）禪定中陰（四）痛苦之臨終中陰（五）光明之法性中陰（六）業力之投生中陰。

5 中陰

一、自性之此生中陰

此生中陰是指從出生到死亡的期間。此時此刻，我們都正處於此生的中陰之中。法教裡提到：「嗟瑪（嗚呼哀哉）！此刻我正在這此生中陰裡，爲此生我不再懈怠！片刻光陰都不可浪費。」這正是我們的處境，問自己從出生至今已經過了多少年？還能活多少年？生命是貨眞價實的無常，沒有任何一物、任何一人能免於死亡，我們之中沒有誰可以永生不死。在這種處境下，我們卻毫無意義地虛度光陰，懶惰又散亂地虛擲時光。有生必有死，生命力總有竭盡的一天，當時刻來臨，一切終會結束，再無可爲之事。

正因如此，我們不可讓自己屈服在懈怠和散亂之下，應修習在死亡時能真正幫助自己的佛法。縱使無法實修所有法教，但我們應盡力去做，並了解我們此生的所作所爲能夠爲來世帶來有益的幫助。因此，我們要努力斷除任何負面行爲，並且把握任何一絲行善的機會。世事無常，即使明日就要死去，我們也要持守行止，讓自己不帶一絲後悔。這就是第一個中陰，此生中陰。

二、迷亂之睡夢中陰

睡夢中陰是從我們入睡開始到隔日清晨清醒的這段時間。這過程與死亡相似，唯一的差別只在於時間長短。睡著時，色、聲、香、味、觸的五種感知可說是像昏迷一樣，沉入於阿賴耶之中，實際上，睡眠就像死亡。剛入睡時，不會有夢發生，睡著的人無意識地沉入阿賴耶裡時，僅有一片漆黑的黑暗。

之後，無明的業力①激發了執取與感知，執取與感知又再度強化自身的存在。因爲這個緣故，種種對境❶再度於夢中顯現。這些顯相、夢

①【譯註：業風】（las kyi rlung，藏）。因先前無明狀態下所造行為而產生的不淨氣，導致接續的輪迴生有。

❶感官對境，指色、聲、香、味、觸等「塵」。

中的對境，當然都不是眞實存在於自身。而且在睡夢中，心識並沒有朝外在事物移動，心識保持朝內，帶著想像又迷惑的感知，所以稱之爲迷亂的中陰。在夜晚睡夢中，感知就像白天一樣被妄念控制。被矇騙的心識就和白天時一樣，在色、聲、香、味、觸種種感知之間遊蕩，而且在夜晚時更加強烈，睡夢中的人所見一切都是妄想和臆造。

事實上，教導中提到，我們自己也像是迷亂境和夢境。當然我們也許會認爲，比起清醒的生活，夢境並非眞實，生活才是眞實的。但對諸佛來說，夢境與清醒時的感知其實沒什麼不同，都和「實相」毫無關連。它們都是錯謬的，都是起伏不定、瞬息無常、欺罔不實的，此外再無其他。若我們尋找從出生至今自己的所作所爲、自己體驗過的事物，它們在哪裡呢？無可尋覓。萬物皆會逝去，一切都不斷變動著。這是顯而易見的事實，我們卻慣常地無視這一點。我們總是把自己的感知看成永久的眞實，「這是我，這是我的。」但教導告訴我們這是徹底的錯誤，且正因如此而使自己在輪迴裡流轉。

無論如何，我們必須要面對自己迷亂夢境的感知。每日我們都應向上師與三寶祈請，到了夜晚則要奮力認出夢境本身實爲妄念，我們要有轉化夢境的能力，即使在夢中都要繼續修持。務必要熟練這一點，當我們成功時，就能把白日和夢境的感知合而爲一、沒有絲毫分別，我們的修行將會大爲進步。教導中特別提到，這個修持對於面對無常和各種障礙都極爲有益。

三、禪定中陰

禪定中陰是指我們座上禪修的時間，並於下座時結束。把這稱作中陰，是因爲這段期間不同於我們一般受欺矇的心續流動，也不像生活歷程中體驗到的現象感知。這段期間是穩定的禪修，禪修的專注就如清澈明朗的天空、平靜無浪的大海。而種種念頭就如同搶匪盜賊，倘若心裡充斥著念頭，或是被更加細微且交織成網的心念暗流占據時，就無法保持在禪修之中，在這樣的狀況下無法有穩定的禪修。教導提到，念頭就像小偷，禪修者務必不能爲其所困、受制其中，而是要以不散亂的正知和有力的精進讓專注力免於退失。

畫出你的生命之花

自我療癒的能量藝術

作者／柳婷 Tina Liu
定價／450元

靜心覺察、平衡左右腦、激發創造力

生命之花是19個圓互相交疊而成的幾何圖案，象徵著宇宙創造的起源，這古老神祕的圖騰，不僅存在於有形無形的萬事萬物中，也隱藏在你我身體細胞裡。

繪製一幅生命之花，除了感受到完成作品帶來的成就與喜悅，還能在藝術靜心的過程中往內覺察自己，得到抒壓。其特殊的作畫過程可以啟發我們左右腦的平衡運用。這些神聖幾何的親自體驗，也一定會讓人對生命哲理有更深入之領悟，這就是改變的開始！

延伸閱讀

能量曼陀羅：
彩繪內在寧靜小宇宙
定價／380元

法國清新舒壓著色畫50：
療癒曼陀羅
定價／300元

法國清新舒壓著色畫50：
幸福懷舊
定價／300元

女神歲月無痕——永遠對生命熱情、保持感性與性感，並以靈性來增長智慧

作者／克里斯蒂安・諾斯拉普醫生（Dr. Christiane Northrup） 譯者／馬勵
定價／630元

美國第一婦產科權威、《紐約時報》暢銷作家的第一本女人保健聖經！

本書作者克里斯蒂安・諾斯拉普醫師是美國婦產科權威，亦是一位有前瞻性的女性保健先驅。經過數十年臨床職業生涯，她現在致力於幫助婦女學習如何全方面提高身體健康，為非常多健康、身心靈的暢銷書當過推薦人。本書是她依女人和專業醫師的不同身分出發，告訴讀者如何改變對於年齡增長的焦慮，不用醫美、不用整型，就可以自信、快樂地活著！

願來世當你的媽媽

作者／禪明法師 繪者／KIM SORA 譯者／袁育媗
定價／450元

全彩插圖+簡潔文字，讓人輕鬆享受閱讀

全書由一則則短篇故事組成，作者以簡單易懂的文字描述寺院裡的日常生活及其修行體悟，再加上繪者溫暖可愛的插圖，將書中的人物畫成貓的模樣，讓讀者能輕鬆地透過閱讀領略書中滿溢的親情與人生的道理。

沒有媽媽的女兒——不曾消失的母愛

作者／荷波・艾德蔓（Hope Edelman） 譯者／賴許刈
定價／580元

《紐約時報》暢銷書，Amazon五星好評，累積至今發行超過五十萬冊

Amazon上千則好評，《紐約時報》、《華爾街日報》等媒體盛讚「撫慰人心，痛苦卻解憂，與各年齡層失去母親的女性產生共鳴。」的療癒佳作。本書集結作者對眾多喪母之女的訪談，將個案親身經驗結合心理學理論來說明，女兒如何熬過當時的情緒風暴，走過那條孤單的路。書中也提到，積極為已逝的至親哀悼，正視其離開所帶來的傷痛，並從中平復，能減緩這周而復始的傷痛且得到慰藉。

輪迴可有道理？
——五十三篇菩提比丘的佛法教導

作者／菩提比丘（Bhikkhu Bodhi）　譯者／雷叔雲
定價／600元

自我轉化、自我超越的修行

本書共收錄菩提比丘的五十三篇文章，這些文章顯示他如何既深又廣地弘揚佛陀超越時代的教法，不僅能簡要地闡明如何將佛法融入日常生活，又能解說繁複的教義，卻絲毫不失佛法與今日世界的相關性。內容包含了佛教的社會道德、哲學、善友之誼、聞法、輪迴、禪法、張狂的資本主義後患，以及佛教的未來。

祈禱的力量

作者／一行禪師（Thich Nhat Hanh）　譯者／施郁芬
定價／300元

熱銷15年，一行禪師揭示祈禱帶來的力量

一行禪師在書中介紹祈禱的重要。不分國界、宗教，不論情緒好壞、身在和平或戰爭之際，人們都會祈禱，就像是與生俱來的本能。祈禱滿足了我們日常的需求，對健康的渴望、事業的成功和對所愛之人的關切，這強大的力量也讓我們能專注當下，與更高的「我」緊密結合。

夢瑜伽與自然光的修習

作者／南開諾布仁波切　譯者／歌者　審校者／The VoidOne、石曉蔚
定價／320元

夢境所反映的是現實的渴望、恐懼與期待，
在夢中修習，跳脫夢境的桎梏，進而增進自己心靈上的覺知。

本書摘自南開諾布仁波切的手稿資料，強調在作夢與睡眠狀態中發展覺知的特定練習，再予以擴展與深化。在此書中，南開諾布仁波切歸納了特定的方法，用以訓練、轉化、消融、攪亂、穩固、精煉、持守和逆轉夢境；此外，他還提出了個人持續在白天和夜晚所有時刻修行的練習，包含發展幻身的修習、為開發禪觀的甚深淨光修習，以及死亡之時遷轉神識的方法。

睡夢中陰和禪定中陰都是此生中陰的支分，此生中陰自然地包含了我們各種修持。於目前我們生命尚存之際，都要重視這些修持，就算只能間斷地做也很重要，這是我們唯一還能禪修的時候。

四、痛苦之臨終中陰

我們很可能在某天醒來時發現自己得了致命疾病。當一切長壽法會、長壽祈禱文都被證實無效，確定自己即將死去時，終於我們驚覺，生命中的所有作爲毫無用處，一切都將在身後拋下。就算累積了如須彌山高的財富，也無法與我們同行，我們甚至連細小如針線都帶不走。到了得離開的時候，就算是自己如此珍愛的這個身體也得捨棄。我們能帶走什麼？只有自己的善業、惡業。我們累積的行為將會是自己唯一的同伴。

如果我們實修教導並且修習遷識法（頗瓦法），若能深諳於此且在臨終時沒有一絲遺憾，我們就能為自己帶來極大的幫助。能夠說得出「我要去這個、那個淨土。」並且能實際做到的，方為完美的修行人。面對現實吧！我們之所以修持佛法，正是因為自己在死亡時需要它。這就是為何教導裡強調，了解死亡過程發生什麼是非常重要的。

即使對一般人來說，死亡那一刻也極其重要。屆時我們應該向上師與三寶祈請，不管是房子或其他一切事物，都要切斷對所有擁有物的繫縛，這些都會把我們拉入輪迴。同時也要把自己的財富供養給三寶，祈願我們能免於痛苦和艱難的死亡，之後也不會落入三惡道的折磨當中。

倘若我們能精熟遷識法的修持，並於死亡來臨之際成功地遷移自己的心識，這絕對會是最好的狀況。但如果自己做不到，遷識法也可以由上師（或喇嘛）或正在我們身旁的金剛師兄們來做，必須在斷氣的那一刻立即將心識遷移至淨土②。無論如何，重要的是爲死亡計畫做好萬全準備，當重大時刻到來，也就毋須害怕。不需我再多言，準備工作就是要在當下此刻——也就是此生中陰時完成。

②在正確時刻施行遷識法是非常重要的，尤其是要在呼吸氣息（外氣）停止、內息尚未消融之前。若是太早施行遷識法，亡者會受到很大的干擾與傷害。

我們死亡時會發生些什麼？從有形概念形成的那一刻起，從我們父母結合的那一刻起，我們的身體開始蘊聚五大種③精華，聚集了像是熱、氣以及細微氣脈等各種元素。死亡時，五大會逐漸分解並且消融至其他元素中。當消融過程結束，外部的呼吸氣息將停止，內息也會消散。接著，位於頂輪、來自父親的白明點，與位於臍輪、來自母親的紅明點，在心間會合。要到此時，心識才離開身體。

若是對修持毫無經驗的人，這時，心會陷入長時間的無意識狀態。若是大成就者或有經驗的禪修者，心識則會在大約兩分鐘後融入虛空，虛空再融入光明之中。對於我們修行者來說，禪修的目標是什麼呢？就是此處說的融入光明，那有如純淨明燦的虛空，會在內息停止時發生。

若行者在禪修中能穩固地認出光明，那麼當明燦虛空的體驗生起時，此即是所謂的「母子光明會」、空覺雙運④，這就是解脫。基本上，有些上師或有修持的禪修者會安住於「圖當」，也就是死亡的甚深禪定當

③五大種、五大元素（'byung ba lnga，藏），指地、風、火、水、空，代表堅實、輕動、熱暖、流動等等的基本特性。

④指「母光明」（'od gsal ma bu 'phrad，藏）。母光明是指空性、光明、心的自性，也是本初清淨法身，所展現的遍一切處、常住的究竟廣袤。由具證量的上師引領而認識母光明（究竟光明）並修持的行者，其修持的證果就是能體驗到「子光明」。且歸功於子光明的修持，這些修行者在死亡時就能認出「母光明」（究竟光明）的展現。這樣的認知可比喻為「子投母懷」（孩子回到母親的懷中）。所有瀕臨死亡的衆生都能體驗到母光明，但若是沒有相關修持且不夠熟悉，就僅會感受到一道短暫的炫光。母光明剎那消失後，將立即生起一連串的迷亂感知。

中。所謂的圖當正是如此，母子光明會，生圓次第的穩固在此證成，這就是解脫。

五、光明之法性中陰

若是從未修行，當黑暗的體驗生起時將陷入昏迷，只要一醒來馬上就體驗到種種恐怖感知，這就是第五的法性中陰⑤。此時出現了寂靜相和忿怒相的文武百尊⑥。這些本尊以潛藏的方式存在於我們的覺性中，包含普賢王如來、五方佛，以及蓮師八變等，這些顯相伴隨著石破天驚的聲音與光亮。不熟悉這些修持的人此時會非常害怕，一旦他們被自己的恐懼淹沒，這些覺性的顯現將會消融而散去。

我現在要一起略說臨終中陰與法性中陰。當五大分離且消融後，心識會融入虛空且在阿賴耶中昏迷。隨後，光明顯現，就如純淨無瑕的虛空。若你沒有禪修的經驗，就無法認出這個光明。因為沒能認出，光明不會持續太久。倘若你能精熟且保持專注，母子兩種光明就得以相會。

在臨終之際，且五大開始逐漸融解之前，最重要的是徹底覺察自己即將死去，務必要斷除對此生一切事物的執著。當死亡來臨時要向三寶

⑤當紅白明點在心間交會後，心識消融於其中，隨後感受到一片漆黑。
⑥這並不是指一般世俗認知的天神，而是以寂靜或忿怒形相來表示佛性的不同面向。

祈請，除了三寶，我們已沒有任何其他希望。同時也要呼喚自己的根本上師，因爲比起三寶，上師與自己的距離更接近。說到底，自己的根本上師正是三寶的體現。在險惡的中陰路途上，向上師、親近的本尊祈請。懺悔此生所有惡行，專一地向上師祈請，請求在死後能立即引領自己至淨土。教導提到，這樣不散亂的祈請與恆常發願的心，實際上就是前往淨土的必備條件。

除此之外，當患病之人臨終時，他的上師或金剛師兄（三昧耶未失毀且與病患有友好關係）要提醒病患五大已經要開始消融。他們應祈請、唱誦並祈請上師。像這樣發願從中陰的危險路途上解脫，會帶來很大的幫助。有傷者跌倒時，其他人會將他扶起。同樣地，法友們也可以給予幫助，可以引導臨終者並且爲他祈禱，這極爲有益。

教導說，因諸佛所具之大悲心，有人呼喚其名時（寶髻佛、阿彌陀佛、釋迦牟尼佛等等），僅僅念其名號就能滅除三惡道的苦厄。同樣地，如果臨終者還能祈請，因其呼喚諸佛名號之故，諸佛將保護此人並使其免墮三惡道，因此這是最有效的方法。臨終時，祈請文就像我們的幫手和護衛，有非常大的重要性與助益。

一開始，臨終之人昏迷在一片空白的無意識狀態，接著心識將再度顯現，光明現起。若如此的光明未能被認出，則會隨即消失，而開始現起法性中陰的景象。此時將出現文武百尊的顯相，伴隨著駭人的聲音與光亮，還有像是面對深峻懸崖的懼怕感受。如果無法認出這些難以想像的聲音與光亮，其實都只不過是自心的投射和覺性的創作，則將有驚駭萬分的感受。當景象出現時，若是生起恐懼，景象就會立刻消失。接著，心識將離開身體，依循其相應的新開始而離開此身⑦。

六、業力之投生中陰

這時心與身體開始分離。因爲心識現在已脫離了身體，失去了有形的支撐。粗大的物質身體已不存在，只剩下由光所構成的微細身。這樣的微細身缺少了來自父親、母親的精華物質，所以亡者無法感知到日、月光輝。儘管如此，此時因爲心識的能量，會從此光芒身中發射出一股微光，感覺像是能看到自己的路，而且遊蕩在投生中陰的一切眾生都能看見、聽見彼此。投生中陰的另一個特點是，中陰心識無論想要到哪裡，都能瞬間出現在那個地方。唯一無法到達的地方是亡者未來母親的子宮，以及金剛座⑧，也就是一切諸佛的證悟聖地。這樣的中陰身是「意生身」，只要一想到任何地點即可出現在該處。

⑦心識離開身體的那刻，代表將會投生至與亡者本身相應的輪迴三界之中。

⑧金剛座（rdo rje gdan，藏），字面意義為「不壞金剛座」。一般是指印度的菩提伽耶，於此賢劫的一切諸佛皆會於菩提伽耶的菩提樹下獲致證悟。然而，因為真正的證悟之「地」就在心的自性當中，此處的譬喻意思是，對於飄蕩迷惘的中陰心識來說，空性是無法觸及的。

雖然亡者的心具有染汙，卻也擁有少許神通力，因此可以知道他人的想法。一位剛過世的人可以感知到他人正在使用其生前所積聚的物品、知道他人的想法和如何爲其行善修法。生者無法見到亡者，但亡者可以感知生者。中陰身會聚集在一起，並且受到飢渴、冷熱的折磨。在他們遊蕩的過渡時期裡會感受到強烈的痛苦。

那些眞正在中陰遊蕩的眾生，生前並未累積足夠的福德善業，也沒有累積太多的惡業。造下極大惡業的人並不會經歷中陰階段，他們臨終時一閉上眼立刻就墮入三惡道，相反地，累積廣大福德的人則會馬上抵達淨土。而我們這些人，一般來說並非大惡人也不是大聖者，就必須經歷投生中陰，這時感受到的僅只有痛苦而已。然而，亡者也可以免於中陰的恐懼且證得解脫。一個人若在生前圓滿許多福德善行、對三寶行諸多供養、樂善濟貧等；或死後由他人爲其設置文武百尊壇城、焚燒寫有亡者姓名的紙張來進行度亡法；或成功爲其賦予灌頂（把亡者心識引領至善趣）等，在這些狀況下，解脫就可能發生。這好比是趕緊集結一群人來接住、保護一個正要掉落懸崖的人。這正是教導之所以提到，我們應爲亡者廣大行善的原因。

死後的二十一天內，亡者都還有一些跟生前相同的感知。他們感覺自己有和之前一樣的身與心，也感受到與生前相同的環境。之後，他們的感知開始變得與下個投生處相關。所以教導中提到在四十九天內，尤其前三週的時間極爲重要。在這期間，如果其他人能爲亡者累積大量福德資糧，就算是應該要墮入三惡道的人，也能因三寶的大悲心而有較好的投生。一旦過了這段時間，業力將會引領他們到惡道。雖然三寶的悲心未曾改變，但除非亡者的惡業耗盡，否則悲心的力量不足以幫助他們得到較好的投生。

因此，這說明了幫亡者累積廣大福報資糧極其重要。熟悉修持的佛法修行者，在投生中陰時可以認出自己已經死亡、知道自己在哪裡、記得自己的上師和本尊，他們能夠藉由向上師本尊專一地祈請，而投生於極樂世界、妙喜世界和銅色吉祥山⑨等等之淨土。

證量圓滿的上師也能召喚亡者的中陰心識，將其遷入寫好的姓名之中，並為亡者揭示眞正的道路。上師可以藉由給予教授和灌頂，指示亡者淨土之道，或至少讓中陰心識能再度投生爲人⑩。一切都取決於亡者的業力、發願和虔敬心。在所有中陰之中，最重要的是此生中陰，也就是現在。在此生中陰當中，我們必須有良善的行止和修持，好讓我們之後不會在其他中陰裡頭飄蕩著。

---

⑨極樂世界是阿彌陀佛淨土，妙喜世界是金剛薩埵淨土，而銅色吉祥山是蓮花生大士的淨土。

⑩此處指相關的修法，如「蔣秋」（sbyang chog，藏），即淨障儀式，以及「內隆」（gnas lung，藏），即引領中陰心識投生善趣的特殊修法。

觀音大悲者成就法是一切經續的精要，是蓮師精粹而成的方便法門，讓具緣弟子們能投生極樂淨土，蓮師並將此法封印成伏藏。此伏藏法由前一世敦珠，持明都敦多傑⑪所取出。

一切諸佛法教之父與祖師就是普賢王如來，或是阿彌陀佛（二者實際上是相同的）。阿彌陀佛以無量悲心守護六道中的所有眾生，在其廣瀚寂靜的心中無有一絲波擾，而大悲者觀音菩薩就是從阿彌陀佛的慈心光芒中生起。觀自在菩薩，或稱觀音，是諸佛任運大悲之語化現。觀音菩薩在阿彌陀佛前立誓，三界輪迴眾生未空之前，他將住於菩薩地而不證悟成佛。也就是，他誓願停留六道之中，直至再無眾生流轉於輪迴深處。從那刻起，他以大悲心之故度化三界眾生至阿彌陀佛的淨土極樂世界。

傳說中，某時，觀音菩薩認為自己已完成任務，輪迴已空。而當他轉身一瞥，才赫然發現還有與之前為數相同的眾生，不多也不少。在觀音菩薩發現到輪迴中的眾生並未減少而黯然神傷之際，心中浮現這個念頭：「引領所有眾生直至淨土的那一天永遠無法到來。」這時，他曾發下的菩提大願開始動搖，頭顱頓時裂成十一個碎片，身軀碎成千片。此

⑪敦珠林巴（又稱都敦．多傑，1835-1903），亦稱且瓊羅札尊者，蓮師主要二十五位弟子之一的化身，是一位成就的瑜伽士和上師，取出許多伏藏法並且有多位弟子證得虹光身。

時，阿彌陀佛現身說道：

「吾子，你的菩提誓願退轉了嗎？要像從前一樣，爲利眾生之故奮力令其再度生起！」阿彌陀佛同時加持了觀音菩薩破碎的頭顱與千個身體碎片。觀音菩薩就以十一個頭和千隻手臂的身軀再度現起，每個掌中都出現一隻眼睛。這正是觀音菩薩爲了利益眾生，受加持成爲十一面與千手千眼的故事。因其菩提誓願，他的千手化現爲千位轉輪聖王，同時從其千眼化現賢劫千佛。凡此千佛，皆由觀音菩薩大悲所生。

6

甚妙甘露

給一名弟子的教言

南無！

諸佛尊勝之怙主，

自性化身皈依處，

禮敬頂嚴蓮花主①！

就算我給予無上法道的教導，誰又會遵循呢？像這樣缺乏思擇力的我，連自己都無法引領，但你仍以淨觀視我、請求法教。爲了不讓你失望，我就略說我心中所想。

出世法或世間中的一切成就，無論大或小，皆來自福德資糧。即使是最微小的善行，永遠都不要輕視它，就去做。同樣地，也不要忽視你的微小過患，務必要克制自己！努力累積福德，供養、濟貧，帶著善心盡力做一切利他善行。依循智者的步伐，謹慎檢視自己的行爲。別盲目地被流行牽著走，要節制言語，審慎地思惟檢視處境。培養思擇力的根基，希求應爲之事、摒棄應捨之事。不批評或嘲諷智者，斷除對競爭者的任何忌妒；不鄙視無知者，也不高傲自大地棄之不顧，放下驕傲，放下自我珍視，這些都是重要關鍵。要知道，你的人生源於對父母恩慈的

①五佛部是佛部、金剛部、寶部、蓮花部與羯磨（事業）部等，以五方佛為代表（對應至毗盧遮那、金剛薩埵、寶生佛、阿彌陀佛與不空成就佛），分別代表證悟的五個面向。【譯註：有時在其他法本中，金剛部部主指的是不動佛。】

虧欠，所以要實現他們的願望，別令他們傷悲。對待仰賴你的人們要行止得體、爲他們著想，爲其注入善的觀念，教導他們行善斷惡。克制自己的壞脾氣且耐心對待他人的小缺點，要記得：一切好事都可能被小細節破壞。

不與心思狹隘的人爲伍，不信任陌生、未經試煉的同伴；要與眞誠、睿智、穩重、有禮且知進退的人爲友；不和無視業力、欺瞞偷盜的惡人爲伴，且要善巧地保持距離，不倚賴口蜜腹劍之人。

至於你自己，要在苦樂的波濤之中保持穩定。對待他人友善公正，漫不經心且毫無節制的叨絮將使你受制於人，過度沉默又會讓人對你的想法摸不著頭緒，因此要掌握中庸之道。別自滿地趾高氣揚，但也不要逆來順受。不追逐沒有根據的閒語，懂得閉上嘴的人非常稀有，不要喋喋不休地談論你的願望跟打算，那些爲自己保留即可。還有，無論是友伴或敵人，不管和誰對話都不要喪失自信。

待人熱誠，言談說笑都保持愉快。自重自持，尊敬上位之人，即便在他們不順遂時也不鄙視。同時，對於驕傲自滿的庸俗者也不卑躬屈膝。

要懂得善巧，不許諾達不到的事，同樣的道理，也要實踐自己的承諾而不應漠視之。不因任何不幸或所求不得而沮喪，相反地，要仔細檢視自己眞正的得失爲何。

當你有正確的思擇力，這些世間行持就會帶來此生的財富與成功，可說是通往天道的捷徑。但若想要眞正脫離輪迴，這裡還有些忠告能助你走上解脫之道。

倘若不知滿足，無論擁有多少金錢，你仍貧窮。所以自己要決心知足，斷除渴求和執著。眞正了解財富終會逝去且不穩固的人十分稀有，他們才能行使完美的布施。對其他修行者來說，布施通常都被三不淨②染汙而浪費，就像是混著毒藥的美食。

除了身陷地獄痛苦的眾生外，輪迴中沒有眾生不珍視自己的生命。人天七德③中，長壽是一種等流果❶。因此（若想獲得長壽），就要去保護他者的生命。務必致力於此。

對三寶與上師要生起信心與虔敬，奮發力行十善，並同時帶著明晰的智慧跟廣博的學習，培養誠信且待人合宜。藉由此七聖財④，你將獲得恆常快樂。

---

② 布施的三不淨是與前行、布施正行與結行有關。布施三不淨為：⑴以不當謀生所得布施⑵以不當動機布施⑶行布施者未意樂所行且後悔之。

③ 七德（mtho ris yon tan bdun，藏）。人天善趣之七德指：長壽，無病，形色端嚴，緣分優異，種姓高貴，財勢富足與智慧廣大。

❶ 與其因相似的業果。如龍樹《中觀寶鬘論》云：「殺生而致壽短促，偷盜則致受用缺，流連煙花常伴敵，常說妄語遭毀謗，兩舌則致常紛爭，惡口多聞不悅語，無益之語勿多言，貪心多毀心中願，害心則致常恐懼，邪見則致惡見解。」反之亦然。

④ 七聖財（'phags pa'i nor bdun，藏）。文中提的七聖財為：信心、持戒、布施、多聞、自身有慚、待人得體、明晰智慧。【譯註：可參考《寶積經》中的七聖財：信（信受正法）、戒（持法律）、聞（能聞正教）、慚（自分有慚）、愧（於人有愧）、捨（捨離一切而無染著）、慧（智慧照事理）。】

為自身希求平靜和快樂是聲聞與獨覺的小乘之道，菩提心的利他行是給具有更大潛能之行者的道路，所以，要用宏廣心胸和菩薩行誼來訓練自己！肩負起度脫輪迴一切眾生的責任。佛陀八萬四千法教，沒有比菩提心更加深妙的。把勝義菩提心與世俗菩提心相融爲一，在此道上全力以赴，一切經續的精要都濃縮於此。自淨其意即是佛法之根，若能控制己心，種種煩惱就會自然平息。

別讓自己對佛法無動於衷、麻木不仁⑤，別讓自己走上歧途，把你的心浸潤在此美妙佛法中。現在你已擁有如此難尋的殊勝人身，以及修持佛法的自由，不要浪費時間，要竭力成就這無上的永恆目標。光陰荏苒，死期不定，就算自己明日就要死去，你也要有信心，沒有遺憾。

對根本上師生起真誠虔敬，愛護金剛師兄並以淨觀視之。具福者就是那些能恆時將三昧耶和誓言視為性命一般珍貴的弟子，他們將能速得成就。

無明、五毒、懷疑和二元執取是輪迴與三界苦難的根本。有一對治法能在頃刻間去除或解脫一切，這個對治法就是本然智，覺性的本初智慧。因此，務必要有信心，在生起次第中，一切顯相、音聲、念頭都是本尊、咒語、智慧的本初顯現。之後則安住於有著三種特定覺受⑥的

⑤佛法油子（chos dred，藏）。藏文中指對佛法有了解（甚至相當精熟）但未攝受吸收之人，對佛法漫不經心而被上師與教法所拒。

⑥感知（'du shes，藏）或三所知（shes bya gsum，藏），指與第三灌頂相關的三種特別覺受。

「隨瑜伽」（阿努瑜伽）當中，這就是圓滿次第、樂空雙運。

讓自己穩固地立於心髓的究竟法門上，此即爲輪迴與涅槃皆是覺性之展現。以自然的寬坦，無散亂且無作修，恆時安住在究竟實相之清淨、遍在的無遮無飾中。

7

智慧心要珍寶

大圓滿開示

禮敬上師！

偉大鄔金導師曾云：

萬象根源莫尋覓，
唯應探究心之根，
若悟心由何處生，
知一而能全解脫。
此心根本如未得，
雖知萬象不得悟。

別探究萬物的根源，
而是探究心的根本！
一旦已找到心之根本，
你將了解一事，而一切都因此解脫。
倘若你無法找到心的根源，
縱使知道一切，卻毫無領會。

開始禪修心性時，要把身體坐直，讓呼吸自然來去，看著前方虛空，不需閉上，也不要張大眼睛。想著為了曾當過自己母親的一切眾生，你將要觀照覺性，那即是普賢王如來之本來面貌。竭力祈請自己的根本上師，且了知上師和來自鄔金國的上師蓮花生大士無二無別，接著自己與上師的心合而為一，安住在這平和的禪定之中。

當你安住時，卻會發現無法在這空且明的覺性中維持太久。你的心將開始移動且鼓譟，它變得像猴子一樣坐立不安，跑到這或那，又或是任何地方。這時你所體驗到的並不是心的自性而是念頭，若是讓念頭持續、讓自己被牽著走，你會發現自己記起很多事情、想很多需求、計畫各種活動。過去正是因為這些心理活動（意業）而把你捲進了輪迴深海，毫無疑問未來也會再次重演。如果你能斬斷無盡蔓延的漆黑妄念，事情就會好得多。

要是你能掙脫這些綿延不絕的念頭呢？覺性是什麼樣子？它是空、明燦、絕妙、輕盈、自由且帶著喜悅的！它不被自身的性質束縛，也無法被界定。輪迴與涅槃當中無有一物不被覺性所涵攝。自無始以來它就在我們之中，是我們與生俱來的。我們從未與覺性分開，覺性超越一切行爲、超越作意，也超越了想像。

也許你會問，如果能認出覺性、本覺的面目，會是什麼樣子呢？縱使你體驗到它，仍舊無法形容，這就好比愚人想要描述他的夢一樣！安住於覺性的你，和你正在體驗的覺性，這兩者無法被區別。當你保持靜定、自然赤裸地安住於無邊無際的覺性中，一切疾速的纏繞念頭，連片刻都無法停留；所有讓你陷入困境的回憶、盤算，都沒了力量。它們消散在廣袤無雲的覺性虛空中。它們粉碎、崩塌、消失，在覺性裡失去力氣。

在你之中確實有這樣的覺性，它是法身的透徹裸然智慧。但誰能爲你引介？你應該安住何處？你應該要確信什麼？一開始，是上師爲你指出覺性的狀態，而當你認出它的那一刻，便稱爲獲得「自性」之引介。輪迴與涅槃二者的一切顯相，都不過是你自身覺性的展現，要專一安住於你的覺性境界中。就像大海湧起的浪濤又沉入海裡，所有現起的念頭又再次融回覺性之中。要對念頭的消融獲得確信，你將發現自己徹底離於禪修者和禪修對境，全然超越禪修的概念❶。

你也許會想：「喔！這樣一來，就不需要禪修了。」那麼，我可以向你保證禪修是絕對必要的！僅僅認出覺性並不能讓你解脫。從無始以來，你的生生世世都被錯謬的信念和迷惑的習性覆蓋，直至現在的每一刻，你都是念頭的奴隸，不幸又可悲！到你死亡時，也不能確定自己將投生何處，你將跟隨業力流轉且爲之受苦。這就是你爲何需要禪修，要時時刻刻保任你被引介的覺性。遍知者龍欽巴曾言：「或許你已認得自性，但若不禪修並對此獲得熟稔，你將有如被留在戰場上的嬰兒，被念頭的無情敵軍奪去性命！」基本上，禪修的意思是，以本然、持續且自然的正念，逐漸串習（熟悉）無造作的本初自性。意思是，要讓自己習慣覺性的境界而不作打擾，無有任何的散亂和執取。

要如何安住於心的自性並加以熟習呢？禪修時，如果念頭來了，就讓它來，不把念頭當成敵人。當念頭生起，就安住在那生起之中。相反地，若是沒有念頭生起，也毋須緊張地猜疑念頭會不會生起，只要安住在念頭的空缺之中。在禪修時如果有巨大、明確的念頭突然現起，很容易就能認出它們。但若是發生輕微、細小的擾動則很難認出，得過陣子才能發覺。這就是所謂的潛藏的念頭（namtok wogyu，藏），即散亂的

❶此與大圓滿祖師噶拉多傑（Garab Dorje，極喜金剛）《椎擊三要》教導有關。首先認出見地，並以安住本來覺性的修持，進而對見地獲得確信。參見《椎擊三要》：「直指本來面目，唯於此中決斷，對於解脫得把握」。本偈言為敦珠貝瑪南嘉譯作。

心念暗流❷。這會偷走你的禪修，務必要注意提防。倘若你能在禪修時以及下座後的行住坐臥之間，都持續保持正念，這樣就對了！

偉大上師蓮花生大士曾說：

千百講傳千百誦，　或許已有百種解說、千種講授，
唯有一事汝應持，　但唯有一事，你應該執持，
安住自性本然覺，　那就是安住於你的內在自性，你的覺性中，
知此一者全解脫。　了知這一點，一切皆能得到解脫！

此外，若不禪修就無法獲得確信，反之亦然。是怎麼樣的確信呢？

當你以有力且喜悅的精進來禪修，將會出現徵兆，顯示你已逐漸熟稔於安住在自性裡。那些你原本對現象二元分別體驗所抱持的猛烈、緊繃執著會漸漸鬆開；念念不忘的痛苦和快樂、希望與恐懼等，都會慢慢消減；對上師的虔敬與上師教導的眞誠信任將會增長。假以時日，你強烈的二元分別傾向將會蒸發，而將到達一種境地，此刻對你而言，黃金與礫石、食物與穢物、天人和妖魔、善與惡已無分別，甚至不知道要選擇天堂還是地獄！但是，在達到這個境地之前（當你仍被困在二元感知的體驗之時），善與惡、淨土與地獄、快樂與痛苦、行爲與後果，這一切

❷意思是「不明確、不易察覺但仍然存在」的念頭。

對你來說都是眞實的。正如蓮師曾說的：「我的見地比天空還高，但我對行爲業果的取捨比麵粉還細。」

所以，若你實際上是個渾身酒臭、荒誕放逸的放屁粗人，那就別到處嚷嚷，自稱是大圓滿的偉大修行者！

對你來說，有淨觀和三昧耶的穩定基礎是極爲關鍵的，同時也要具備堅強、喜悅的精進，並且要保持不鬆不緊的良好平衡。若是你能修持，就要完全放下此生的生活與擔憂，如此即可確定，你將獲得大圓滿甚深之道的非凡功德。何必等待來世呢？就在此刻，你將能在此生抵達本初佛果之境。

諄諄忠告皆我心中血語。務必把握、永勿忘失。

8

大圓滿願文

願生輪涅無別見，

願成如是最上修，

願持任運圓滿行，

願對見地生起確信——

輪迴、涅槃並無分別

願能完善修持禪修——

無修整、無造作地自然流動

願能圓滿所有行爲——

自然、不作意、任運自發

願得離戲法身境。

願能覓得自性法身——
超越所有增長與拒斥

寫於一九七六，巴黎

9

怙主敦珠仁波切自傳

仁波切自述

我，敦珠．吉札．耶謝．多傑，出生於藏曆第十五繞迥（rabjung）木龍年，一九〇四年。我出生於貝瑪貴①的一處秘境，父親是卡南王室的蔣貝．諾布．旺嘉。在我三歲時，偉大伏藏師敦珠．林巴的弟子們認證我是他的轉世而把我帶在身邊，我自此進入了佛法之門。

我的老師曾說：「知識的根基是閱讀和寫作。」因此他要求我努力學習，同時還得背誦儀軌、祈請文等等。我曾領受關於身、語、意正確行儀的教導，也學習歷史、成就者的修行故事及前行的修持，多虧這些學習，讓我的智識有些許成長。諸多博學且成就的上師以多年的時間，根據我的能力給予親切的指導，我學習了所有基礎的學科，如文法、拼讀、詩詞、占星和醫學，以及佛法經典與中觀、般若、《彌勒五論》、

《入菩薩行論》、《三律儀分別論》等釋論。我尤其對寧瑪傳承口傳和伏藏②中的成熟灌頂、解脫開示、相關論釋以及甚深竅訣感到欽佩。從金剛上師的十三種殊勝事業，到各種法會傳統的儀式，包含如製作並莊嚴食子、舞蹈、繪製壇城、唱誦與音樂等，我都以最大精進、毫無一絲輕忽地修習持明傳承中的種種具體細節。從累積資糧和前行的學處開始，

①貝瑪貴地處西藏南部，接近與阿薩姆的邊界。貝瑪貴一般是指由蓮花生大士加持且封印的地區，可免於遭受破壞且避免被不具緣者進入的秘境（sbas yul，藏）。而貝瑪貴分為「外貝瑪貴」和「內貝瑪貴」兩個地區，外貝瑪貴由一般眾生居住，雖然不易抵達仍可能得以進入；內貝瑪貴則僅有特別具格者才能到達。敦珠仁波切出生於「外貝瑪貴」。

②即教傳法與伏藏法。

到正行生起次第的「近」、「成」階段，與隨後的圓滿次第修持，我都以最大的毅力完成，並圓滿了所有需要的念誦次數。

然而，由於有上師這個不具福的稱號，又據說是爲了法教與眾生的利益，我得受困在種種令人分心的事業活動當中。因爲這個緣故，我的成就徵兆就像烏龜背上的羽毛一樣稀少。

無論我領受過何種佛法甘露，大部分我都依據對方的狀況，竭盡全力向他人解說、傳揚法教。雖然稱不上是博學之士，但爲了不讓有求之人失望，並期許自己對佛陀法教能有貢獻，我有超過二十多函的著作和編撰，包含《藏傳佛教寧瑪派教史》、《藏傳佛教寧瑪派基礎》、《西藏歷史》、《三律儀分別論》的逐字釋論，以及各種修持儀軌的指導等。據說領受法教的果實就是能夠著論，因此我就不帶希求和擔憂地來撰寫這些文稿。

感謝偉大尊勝上師們的恩慈，我的淨觀之眼不曾被蒙蔽，也不曾積聚任何背離佛法的惡業，如邪見、詆毀其他法教、或批判他人等等。我時時刻刻都用一個有效的方式來訓練自己，也就是：斷除所有的心口不一。我從未懷疑自己是大悲佛陀的追隨者之一，儘管我的程度還只是最低等而已，但我偶爾對此仍會感到些許自豪。從這一點看來，我甚至連是非都不能分辨！這就是我，一位年老密行者的簡短生平。

詞彙解釋

阿闍黎（Acharya，梵）（slob dpon，藏）：教師，等同於精神導師或上師。

阿賴耶（Alaya，梵）（kun gzhi，藏）：字面意義爲一切之基。指心的基礎以及不確定的層面，業力印記也儲存在此。

甘露（Amrita，梵）（bdud rtsi，藏）：字面意義爲能夠克服死神的仙饈佳餚，亦指能讓人長生不死的飲物，也是智慧的象徵。

阿努瑜伽（Anuyoga，梵）：指寧瑪傳統密續九乘中「內三乘」（三內續）中的第二乘。阿努瑜伽強調圓滿次第的修持，其特色是以空性智慧搭配身體的氣、脈、明點做修持。

阿底瑜伽（Atiyoga，梵）：寧瑪密續九乘系統中最高的乘別。是「內三乘」（三內續）中的第三乘，也是最高的一個。又稱「大圓滿」（佐千），代表寧瑪派的究竟見地，也就是本初清淨（ka dag，藏）和任運自成（lhun grub，藏）之雙運，亦即空性與覺性的雙運。其中最深密的法教稱爲心髓法教。

觀音菩薩（Avalokiteshvara，梵）（spyan ras gzigs，藏）：指「觀世間怙主」，爲菩薩之名。觀音菩薩爲諸佛之語和悲心的體現，也是阿彌陀佛「報身」的顯現。

菩提心（Bodhichitta，梵）（byang chub kyi sems，藏）：分爲世俗與勝義兩種層面。世俗菩提心指的是爲利益眾生而發願要證得佛果，以及成就此願的一切必經修行。勝義（究竟）菩提心是指無二智慧，亦即心的究竟自性以及所有現象的眞實狀態。在一些密續法教中，菩提心是指維持心的重要物質。

菩薩、菩提薩埵（Bodhisattva，梵）（byang chub sems dpa'，藏）：因大悲、爲眾生之故而致力成就全然證悟之佛果者。根據是否已成就「見道」或依菩薩十地位階的不同，菩薩可分爲「凡位」或「聖位」菩薩。

佛（Buddha，梵）（sangs rgyas，藏）：指全然覺醒者。已斷除煩惱障和所知障，並具備與了證相關的一切證悟功德。

佛刹、淨土（Buddhafield）（zhing khams，藏）：有特定觀點認爲，佛

剎指的是由諸佛菩薩顯現的境域或範圍。眾生可安住於此，趨向證悟而永不墮入輪迴惡趣。然而，一切被視爲任運智慧的清淨化現處，即爲佛剎。

轉輪王（Chakravartin，梵）（'khor lo sgyur ba'i rgyal po，藏）：指世間之王或「轉輪聖王」，此名號是指出身非凡、高尚，並掌管三千大千世界裡的大小一切之王者，因其擁有的武器輪寶可降伏敵人而得此名。根據傳統星象學，只有在人類壽命長達八千餘年時，轉輪聖王才會降世。也用於譬喻偉大國王的稱號。

生圓次第（Creation and Perfection Stages）：密續修行中的兩個主要次第。生起次第（bskyed rim，藏）包含將一切顯相、音聲、念頭分別視爲本尊、咒語和智慧的觀修。圓滿次第（rdzogs rim，藏）則是包含把所觀想的形相對境融入空性，以及對空性的體驗，同時也指身體氣、脈、明點的修持。

法（Dharma，梵）（chos，藏）：梵文中常用來指佛陀法教，而這個單詞實際上有十個意義。傳法則是指以口授或著作的方式傳授法教文字。對佛法的了證是指實修法教後而產生的修道功德。

金剛乘（Diamond Vehicle，梵）（rdo rje theg pa，藏）：參見「金剛乘」（Vajrayana）。

法身（Dharmakaya，梵）（chos sku，藏）：參見「身」（Kaya）。

墮罪（Downfall）（ltung ba，藏）：指違犯誓言，若未如理如法地懺悔並彌補，將導致來世投生於三惡趣。

灌頂（Empowerment）（abhisheka，梵）（dbang，藏）：指賦予力量或開許（Initiation）。在這二詞當中，「開許」雖然不太令人滿意，但至少指出進入密乘修行的面向。而「賦予力量」與藏文的涵義較接近，意思是把上師的智慧了證轉移給弟子，授權弟子使他們得以修持、證果。

空性（Emptiness）（shunyata，梵）（stong pa nyid，藏）：這是大乘佛教的中心概念，意指諸法的究竟自性超越了四邊戲論。

大圓滿（Great Perfection）（mahasandhi，梵）（rdzogs pa chen po，藏）：參見「阿底瑜伽」（Atiyoga）。

大乘（Great Vehicle）（theg pa chen po，藏）：參見「大乘佛教」

（Mahayana）。

咕嚕仁波切、蓮師（Guru Rinpoche），請參見「蓮花生大士」（Padmasambhava）。

上師瑜伽、上師相應法（Guru Yoga，梵）（bla ma'i rnal 'byor，藏）：此修持法包含觀想上師（以各種形相顯現）、念誦祈願、祈請加持、觀想接受加持，以及自心與上師的證悟智慧之心相融爲一。上師瑜伽是密乘佛教當中最重要的修持。

心髓（Heart Essence）（snying thig，藏）：指寧瑪派阿底瑜伽中，極密竅訣部的甚深法教。由蓮花生大士和無垢友尊者帶入西藏。

別解脫乘、小乘（Hinayana，梵）（theg dman，藏）：源自佛法初轉法輪的佛教基礎思想和修行。其主要法教和四聖諦與十二緣起支（十二因緣）相關。必須強調的是，儘管相對於菩提心的廣大態度，典型的小乘發心僅以個人解脫爲目標而被視爲不完整且不足，但藏傳佛教將小乘視爲法教的本質，是法教的眞正基礎而不加以貶視。小乘佛教共有十八個部派，現今僅存上座部佛教（Theravada），主要盛行於南亞國家。【譯註：在其他的研究分類中，部派佛教的分類並不直接等同於小乘佛教的

分類。】

無明、愚癡（Ignorance）（avidya，梵）（ma rig pa，藏）：在佛教經典中，無明不僅指的是無知，更包含錯誤理解。指對人與現象的不正確了解或錯誤認知，而將人與現象誤執爲眞實存有。

劫（Kalpa）（bskal pa，藏）：一個大劫指的是世界「成、住、壞、空」一個週期的時間（其中四個階段各長達二十個中劫）。而一個無量劫（grangs med bskal pa，藏）（又稱中劫），與本身名稱不同，並非是指無限長的時間，在《阿毗達摩俱舍論》中特別定義爲一〇五九個劫的長度。目前的大劫通常被稱爲善劫或賢劫，是因爲在此賢劫中將有千佛出世。釋迦牟尼佛爲當中的第四佛。

業（Karma，梵）（las，藏）：行爲，因果關係的心理物理學原則，一切體驗都是先前行爲的結果、一切行爲都是未來際遇的種子。能帶來快樂的行爲稱爲善行，會生起痛苦的行爲則是不善行。

身（Kaya，梵）（sku，藏）：根據大乘佛教的法教，用「二身」或「三身」來描述圓滿佛果的出世間實相（transcendent reality）。第一種「二身」的說法，是指究竟實相的法身，以及有相的色身。法身是佛果的勝義空性面向，僅有證得佛果者可以感知；色身可再進一步分為圓滿受用的報身與應機示現的化身。因有如此分類，故也有先前提到的「三身」之說。報身，指佛果任運明分的面向，擁有高度了證者才能感知報身；化身則是佛果的悲心面向，可由一般眾生感知，雖然也有例外，但大多以人身形相出現在此世間。

上師（Lama）（bla ma，藏）：藏文中用來指具有高度了證的精神老師，等同於梵文中的咕嚕（guru，梵）。但在一般通俗用法中，也用來當作對僧人的敬稱。

朗達瑪（Langdarma）：虔誠藏王赤祖德贊之兄。西元九〇六年，赤祖德贊被苯教的大臣謀殺後，朗達瑪成爲藏王。他迫害佛教且讓佛教在寺院系統中近乎斷滅。六年執政後，他被一名佛教瑜伽士暗殺。

三惡道、**下三道**、**惡趣**（Lower realms）（ngan song，藏）：指地獄道、餓鬼道與畜生道。

大乘、**菩薩乘**（Mahayana，梵）（theg pa chen po，藏）：大乘佛教主要盛行於北亞，如中國、日本、韓國、蒙古、西藏和喜馬拉雅地區。大乘佛教的特色是諸法空相的甚深見地，同時具有廣大悲心，並希求引領一切眾生從痛苦與苦因中解脫。因此，大乘佛教的目標是獲證無上證悟佛果，其法道由六度波羅蜜多構成。以哲學層面來說，大乘佛教主要有中觀和唯識（或稱瑜伽行派，Yogachara）兩個學派。金剛乘也是大乘佛教的支分。

瑪哈瑜伽（Mahayoga，梵）：寧瑪派三內續的第一者。其主要密續是《秘密藏續》（*Guhyagarbha*，梵），當中闡述了清淨與平等（dag mnyam chen po，藏）的見地，這也是金剛乘的核心準則。一切顯相的清淨面向就是佛身與智慧的壇城，此爲更勝之世俗諦（superior relative truth）；由於清淨，一切皆平等，智慧與空性雙融，此爲更勝之勝義諦（superior absolute truth）。〔世俗〕顯相本然法則中的「清淨」，與「勝義」本然法則中的「平等」，兩者無可分割地存在於一切萬法之中，此即是大法身。【譯註：瑪哈瑜伽提到三清淨、四平等的教導，這也是金剛乘的主要見地。其中的三清淨爲器世間、有情世間、器情二世間和合的一切法皆清淨。四平等則包含顯教的二種平等與金剛乘的殊勝二平等，其中，顯教二平等代表勝義無生、世俗如幻；金剛乘殊勝二平等代表勝義一切平等離戲、世俗一切器情皆爲身智壇城大淨。參見《讚戒論淺釋》講記，托嘎如意寶著，索達吉堪布譯講。】

壇城（Mandala，梵）（dkyil 'khor，藏）：這個詞彙有許多層面上的意義，在最基本的層次上，可以簡單地將之理解爲配置或明確的空間集合。本尊壇城是指智慧尊的神聖處所或宮殿；上師壇城則可視爲上師的居所以及身邊跟隨的弟子眷屬；供養壇城（獻曼達）是指完整安排陳設的供養，可以爲實物供養或心意供養的方式，修行者以此代表獻上整個宇宙作爲供養。

六字大明咒、瑪尼咒（Mani）：觀音菩薩的六字眞言，唵嘛呢叭咪吽（Om mani padme hung）。

福德（Merit）（bsod nams，藏）：藉由利益眾生的行爲或善行（dge

ba，藏）而產生的正面能量。福德可分為兩種：（一）僅希求安樂之福德（bsod nams tsam po pa 或 bsod nams cha mthun，藏）（二）尋求解脫之福德（thar pa cha mthun，藏），基於如此的發心而從輪迴趨入解脫。「無漏福德」是指尋求解脫之福德，經由五道而積聚。

涅槃（Nirvana，梵）（myang ngan 'das，藏）：其字面意義是「超越痛苦的狀態」。簡言之，涅槃是指佛教聲聞乘與大乘中證悟的多種層面，包括所稱聲聞乘中證悟的辟支佛，以及佛陀。特別要提的是，儘管涅槃或證悟可被理解為自輪迴中解脫（這也可說是小乘佛教的目的），但這並不被認為是佛果。如大乘佛教所述，佛果的眞正含意是指超越痛苦輪迴並超越寂靜涅槃，故而佛果被稱作「無住涅槃」（mi gnas myang 'das，藏），亦即佛果爲不住二際：不住生死際、亦不住涅槃際。

蓮花生大士、蓮師（Padmasambhava）（pad ma 'byung gnas，藏）：字面意義爲蓮花生。由釋迦牟尼佛所授記將弘揚金剛乘法教者，其有許多的稱號，如鄔金上師等。蓮花生大士於八世紀由藏王赤松德贊迎請入藏，而在西藏成功建立佛教經部與續部的法教。

別解脫（Pratimoksha，梵）（so sor thar pa，藏）：字面意義爲「個別解脫」，用來指佛教的八種律儀，包含相關的戒律與準則。

辟支佛、緣覺、獨覺（Pratyekabuddha，梵）（rang sangs rgyas，藏）：指「獨覺佛」（Solitary Buddha），不依靠上師，而是由過去世的業力，透過對十二緣起支的禪修以斷除痛苦之行者。辟支佛已證得「人無我」，正趨入「法無我」的證悟。也就是已經證得外在感知諸法現象之空性，尚未證得主體（感知的心）之空性。

淨土（Pure land）（zhing khams，藏）：參見「佛刹」（Buddhafield）。

淨觀（Pure Perception）（dag snang，藏）：將世界視爲佛身智慧的清淨展現，也就是觀爲清淨佛土。要趨入這個目標的方法是生起造作的淨觀，也就是即使還在概念上，修行者也仍然勤作而清淨地觀待一切。

繞迴、勝生（Rabjung）（rab byung，藏）：即西藏紀年的甲子，用來計算年代的時間長度，六十年為一單位。

色身（Rupakaya，梵）（gzugs sku，藏）：指佛的色身，參見「身」（Kaya）。

儀軌、成就法（Sadhana，梵）（sgrub thabs，藏）：密續的觀修法，包含觀想本尊和持誦咒語。

普賢王如來（Samantabhadra，梵）（kun tu bzang po，藏）：指從未陷入妄念的本初佛，是覺性的象徵，代表心性始終的清淨和光明。

三昧耶（Samaya，梵）（dam tsig，藏）：指金剛乘中，上師與領受灌頂之弟子間的神聖連結和誓願。三昧耶戒也存在於共同上師的弟子們之間，以及弟子與自己的修持之間。

輪迴（Samsara，梵）（'khor ba，藏）：存有之輪，輪轉，指未覺醒、未證悟的狀態。如此之心受困於貪、瞋、癡三毒之中，經由種種永無止盡的身心體驗，無法自制地在各個狀態中一再輪轉，而每一種體驗的特性都是苦。

僧伽（Sangha，梵）（dge 'dun，藏）：佛教修行者的社群，包含出家眾與在家眾。「聖僧」則特指在這些社群中已證得「見道」以上的成就者。

密咒乘（Secret Mantra）（gsang sngags，藏）：參見「金剛乘」（Vajrayana）。

釋迦牟尼佛（Shakyamuni），即喬達摩，現今時代裡所記載的佛陀，佛教的創建者。

寂護論師（Shantarakshita）（zhi ba mtsho，藏）：又稱爲「堪布菩薩」。出身自佛教大學那爛陀寺的寂護論師，是瑜伽行中觀自續派的代表人物。於西元八世紀在藏王赤松德贊的迎請下造訪西藏，並爲西藏第一批的七名僧人剃度出家。也是在寂護論師的建議下，藏王迎請蓮花生大士至西藏。

聲聞（Shravaka，梵）（nyan thos，藏）：指聽聞、修行並爲他人傳授佛陀法教，且目標是爲自身希求解脫輪迴而非圓滿證悟佛果之行者。聲聞是「基乘」（root vehicle）的修行者，小乘佛教也因此常被稱作聲聞乘。

佛性、如來藏、善逝藏（Sugatagarbha，梵）（bde gshegs snying po，藏）：佛果之精藏，指心的明性與空性。

佛經（Sutra，梵）（mdo，藏）：佛教的經典，佛陀講法的集結繕寫。分爲小乘佛教和大乘佛教的經部經典。（此與續部經典並不相同。）

密續（Tantra，梵）（rgyud，藏）：字面意義指「相續」。在金剛乘的佛教經典中闡述了心的本自清淨。舊譯寧瑪派將密續分爲外三密（事部、行部、瑜伽續部）與內三密（瑪哈瑜伽、阿努瑜伽、阿底瑜伽）。新譯派則使用不同的分類方式將密續分爲四類：事部、行部、瑜伽續部以及無上瑜伽部。

如來藏（Tathagatagarbha，梵）（de bzhin gshegs pa'i snying po，藏）：參見「佛性」（Sugatagarbha）。

三界（Three Realms）（khams gsum，藏）：指輪迴三有的分類，分爲（一）欲界，包含從地獄道至欲界天道的輪迴六道；（二）色界；（三）無色界。

兜率天（Tushita，梵）（dga' ldan，藏）：欲界六天的第四層，釋迦牟尼佛降生人間之前居住在此。

金剛師兄（Vajra Kindred）（rdo rje spun，藏）：金剛乘中，修道的兄弟、姊妹或同伴的修行者。親近法友（同門師兄）則是指從同一位上師領受相同壇城灌頂的法友。

金剛薩埵（Vajrasattva，梵）（rdo rje sems dpa'，藏）：基本上是指金剛佛部的報身佛。觀修金剛薩埵是淨除障蔽極具力量的方法，而且在寧瑪派的傳承中，金剛薩埵被視爲一切本尊之王，金剛薩埵的心咒就含括一切本尊的咒語。

金剛乘（Vajrayana，梵）（rdo rje theg pa，藏）：以闡述心之本初清淨的密續與經典爲基礎的法教和修持總稱。

乘（Vehicle）（yana，梵）（theg pa，藏）：依循法道以達證悟的法教系統。主要有三乘：聲聞乘、緣覺乘以及菩薩乘。其中，金剛乘包含在菩薩乘之中。

無垢友（Vimalamitra）（dri med bshes gnyen，藏）：印度佛教中的偉大上師與學者之一，特別精通於「心髓」法教。於九世紀至西藏傳授法教，並翻譯眾多梵文經典。

戒律（Vinaya，梵）（'dul ba）：泛指佛教中的倫理法教，特別是關於寺廟戒律的條文。

智（Wisdoms）（ye shes lnga，藏）：對應五方佛部的佛果五智：大圓鏡智（金剛部的金剛薩埵【譯註：在其他法本中，金剛部部主也指不動佛】）、平等性智（寶部的寶生佛）、妙觀察智（蓮花部的阿彌陀佛）、成所作智（事業部的不空成就佛），以及法界體性智（佛部的毗盧遮那佛或稱大日如來）。

本尊（Yidam）（yi dam，藏）：指具有男、女相的觀修本尊，代表證悟的不同面向。本尊可能是寂靜尊或忿怒尊，根據修行者個人的心性與需求來作觀修。

橡樹林文化 ❖❖ 善知識系列 ❖❖ 書目

JB0104	一行禪師談生命真正的快樂：金錢與權力能帶給你什麼？	一行禪師◎著	300 元
JB0105	一行禪師談正念工作的奇蹟	一行禪師◎著	280 元
JB0106	大圓滿如幻休息論	堪布徹令多傑仁波切◎著	320 元
JB0107	覺悟者的臨終贈言：《定日百法》	帕當巴桑傑大師◎著 堪布慈囊仁波切◎講述	300 元
JB0108	放過自己：揭開我執的騙局，找回心的自在	圖敦・耶喜喇嘛◎著	280 元
JB0109	快樂來自心：禪修空性、無常、愛他人，幸福美好從此源源不絕	喇嘛梭巴仁波切◎著	280 元
JB0110	正覺之道・佛子行廣釋	根讓仁波切◎著	550 元
JB0111	中觀勝義諦	果煜法師◎著	500 元
JB0112	觀修藥師佛——祈請藥師佛，能解決你的困頓不安，感受身心療癒的奇蹟	堪千創古仁波切◎著	300 元
JB0113	與阿姜查共處的歲月	保羅・布里特◎著	300 元
JB0114	正念的四個練習	喜戒禪師◎著	300 元
JB0115	揭開身心的奧秘：阿毗達摩怎麼說？	善戒禪師◎著	420 元
JB0116	一行禪師講《阿彌陀經》	一行禪師◎著	260 元
JB0117	一生吉祥的三十八個祕訣	四明智廣◎著	350 元
JB0118	狂智	邱陽創巴仁波切◎著	380 元
JB0119	療癒身心的十種想——兼行「止禪」與「觀禪」的實用指引，醫治無明、洞見無常的妙方	德寶法師◎著	320 元
JB0120	覺醒的明光	堪祖蘇南給稱仁波切◎著	350 元
JB0121	大圓滿禪定休息論	大遍智　龍欽巴尊者◎著	320 元
JB0122	正念的奇蹟（電影封面紀念版）	一行禪師◎著	250 元
JB0123	一行禪師　心如一畝田：唯識 50 頌	一行禪師◎著	360 元
JB0124	一行禪師 你可以不生氣：佛陀的最佳情緒處方	一行禪師◎著	250 元
JB0125	三句擊要： 以三句口訣直指大圓滿見地、觀修與行持	巴珠仁波切◎著	300 元
JB0126	六妙門：禪修入門與進階	果煜法師◎著	400 元
JB0127	生死的幻覺	白瑪格桑仁波切◎著	380 元

JB0128	狂野的覺醒：大手印與大圓滿之旅	竹慶本樂仁波切◎著	400 元
JB0129	禪修心經——萬物顯現，卻不真實存在	堪祖蘇南給稱仁波切◎著	350 元
JB0130	頂果欽哲法王　上師相應法	頂果欽哲法王◎著	320 元
JB0131	大手印之心：噶舉傳承上師心要教授	堪千創古仁波切◎著	500 元
JB0132	平心靜氣：達賴喇嘛講《入菩薩行論》〈安忍品〉	達賴喇嘛◎著	380 元
JB0133	念住內觀：以直觀智解脫心	班迪達尊者◎著	380 元
JB0134	除障積福最強大之法——山淨煙供	堪祖蘇南給稱仁波切◎著	350 元
JB0135	撥雲見月：禪修與祖師悟道故事	釋悟因◎著	350 元
JB0136	醫者慈悲心：對醫護者的佛法指引	確吉・尼瑪仁波切 大衛・施林醫生 ◎著	350 元
JB0137	中陰指引——修習四中陰法教的訣竅	確吉・尼瑪仁波切◎著	350 元
JB0138	佛法的喜悅之道	確吉・尼瑪仁波切◎著	350 元
JB0139	當下了然智慧：無分別智禪修指南	確吉・尼瑪仁波切◎著	360 元
JB0140	生命的實相——以四法印契入金剛乘的本覺修持	確吉・尼瑪仁波切◎著	360 元
JB0141	邱陽創巴仁波切 當野馬遇見馴師：修心與慈觀	邱陽創巴仁波切◎著	350 元
JB0142	在家居士修行之道——印光大師教言選講	四明智廣◎著	320 元
JB0143	光在，心自在 〈普門品〉陪您優雅穿渡生命窄門	釋悟因◎著	350 元
JB0144	剎那成佛口訣——三句擊要	堪祖蘇南給稱仁波切◎著	450 元
JB0145	進入香巴拉之門——時輪金剛與覺囊傳承	堪祖嘉培珞珠仁波切◎著	450 元
JB0146	（藏譯中）菩提道次第廣論： 抉擇空性見與止觀雙運篇	宗喀巴大師◎著	800 元
JB0147	業力覺醒：揪出我執和自我中心， 擺脫輪迴束縛的根源	圖丹・卻准◎著	420 元
JB0148	心經——超越的智慧	密格瑪策天喇嘛◎著	380 元
JB0149	一行禪師講《心經》	一行禪師◎著	320 元
JB0150	寂靜之聲——知念就是你的皈依	阿姜蘇美多◎著	500 元
JB0151	我真正的家，就在當下—— 一行禪師的生命故事與教導	一行禪師◎著	360 元
JB0152	達賴喇嘛講三主要道—— 宗喀巴大師的精華教授	達賴喇嘛◎著	360 元
JB0153	輪迴可有道理？—— 五十三篇菩提比丘的佛法教導	菩提比丘◎著	600 元

善知識系列　JB0155

我心教言——敦珠法王的智慧心語

Counsels From My Heart

作　　者／敦珠仁波切（Dudjom Rinpoche）
中 譯 者／普賢法譯小組
責任編輯／陳怡安
業　　務／顏宏紋

總 編 輯／張嘉芳
出　　版／橡樹林文化
城邦文化事業股份有限公司
104 台北市民生東路二段 141 號 5 樓
電話：(02)2500-7696　傳眞：(02)2500-1951
發　　行／英屬蓋曼群島商家庭傳媒股份有限公司城邦分公司
104 台北市中山區民生東路二段 141 號 5 樓
客服服務專線：(02)25007718；25001991
24 小時傳眞專線：(02)25001990；25001991
服務時間：週一至週五上午 09:30 ～ 12:00；下午 13:30 ～ 17:00
劃撥帳號：19863813　戶名：書虫股份有限公司
讀者服務信箱：service@readingclub.com.tw
香港發行所／城邦（香港）出版集團有限公司
香港灣仔駱克道 193 號東超商業中心 1 樓
電話：(852)25086231　傳眞：(852)25789337
Email: hkcite@biznetvigator.com
馬新發行所／城邦（馬新）出版集團【Cité (M) Sdn.Bhd. (458372 U)】
41, Jalan Radin Anum, Bandar Baru Sri Petaling,
57000 Kuala Lumpur, Malaysia.
電話：(603) 90578822　傳眞：(603) 90576622
Email：cite@cite.com.my

內文排版／歐陽碧智
封面設計／周家瑤
印　　刷／韋懋實業有限公司

初版一刷／ 2022 年 9 月
ISBN ／ 978-626-96324-1-1
定價／ 380 元

國家圖書館出版品預行編目（CIP）資料

我心教言——敦珠法王的智慧心語 / 敦珠仁波切（Dudjom Rinpoche）著 ；蓮師翻譯小組（Padmakara Translation Group）英譯；林姿瑩中譯 . -- 初版 . -- 臺北市：橡樹林文化，城邦文化事業股份有限公司出版：英屬蓋曼群島商家庭傳媒股份有限公司城邦分公司發行，2022.09
面 ； 公分 . --（善知識；JB0155）
譯自：Counsels from my heart
ISBN 978-626-96324-1-1（平裝）

1.CST: 藏傳佛教　2.CST: 佛教修持　3.CST: 佛教教理

226.96615　　111011351

廣　告　回　函
北區郵政管理局登記證
北台字第10158號

郵資已付　免貼郵票

104 台北市中山區民生東路二段 141 號 5 樓

城邦文化事業股份有限公司

橡樹林出版事業部　收

請沿虛線剪下對折裝訂寄回，謝謝！

|橡|樹|林|

書名：我心教言——敦珠法王的智慧心語　書號：JB0155

橡樹林文化

讀者回函卡

感謝您對橡樹林出版社之支持，請將您的建議提供給我們參考與改進；請別忘了給我們一些鼓勵，我們會更加努力，出版好書與您結緣。

姓名：＿＿＿＿＿＿＿＿＿ □女 □男 生日：西元＿＿＿＿＿年

Email：＿＿＿＿＿＿＿＿＿＿＿＿＿＿＿＿＿＿＿＿＿＿＿＿

●您從何處知道此書？

□書店 □書訊 □書評 □報紙 □廣播 □網路 □廣告 DM

□親友介紹 □橡樹林電子報 □其他＿＿＿＿＿＿＿＿

●您以何種方式購買本書？

□誠品書店 □誠品網路書店 □金石堂書店 □金石堂網路書店

□博客來網路書店 □其他＿＿＿＿＿＿＿

●您希望我們未來出版哪一種主題的書？（可複選）

□佛法生活應用 □教理 □實修法門介紹 □大師開示 □大師傳記

□佛教圖解百科 □其他＿＿＿＿＿＿＿

●您對本書的建議：

＿＿＿＿＿＿＿＿＿＿＿＿＿＿＿＿＿＿＿＿＿＿＿＿＿＿＿＿＿＿

＿＿＿＿＿＿＿＿＿＿＿＿＿＿＿＿＿＿＿＿＿＿＿＿＿＿＿＿＿＿

＿＿＿＿＿＿＿＿＿＿＿＿＿＿＿＿＿＿＿＿＿＿＿＿＿＿＿＿＿＿

我已經完全了解左述內容，並同意本人資料依上述範圍內使用。

＿＿＿＿＿＿＿＿＿＿＿＿（簽名）

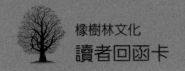

處理佛書的方式

佛書內含佛陀的法教，能令我們免於投生惡道，並且爲我們指出解脫之道。因此，我們應當對佛書恭敬，不將它放置於地上、座位或是走道上，也不應跨過。搬運佛書時，要妥善地包好、保護好。放置佛書時，應放在乾淨的高處，與其他一般的物品區分開來。

若是需要處理掉不用的佛書，就必須小心謹愼地將它們燒掉，而不是丟棄在垃圾堆當中。焚燒佛書前，最好先唸一段祈願文或是咒語，例如唵（OM）、啊（AH）、吽（HUNG），然後觀想被焚燒的佛書中的文字融入「啊」字，接著「啊」字融入你自身，之後才開始焚燒。

這些處理方式也同樣適用於佛教藝術品，以及其他宗教教法的文字記錄與藝術品。

ཡི་གེ་ཉི་ཤུ་རྩ་དྲུག་པ་འདི་དཔེ་ཆའི་ནང་དུ་བཞག་ན་དཔེ་ཆ་དེ་ཅི་འདྲར་

བགོམས་ཀྱང་ཉེས་པ་མི་འབྱུང་བར་འཇམ་དཔལ་རྩ་རྒྱུད་ལས་གསུངས་སོ། །

此咒置經書中　可滅誤跨之罪